파랑새가
울던 날

파랑새가 울던 날

정명자, 박청조 지음

황소자리

포기하지 않는 한 꿈은 이루어진다

작가가 되고 싶었던 아이가 있습니다. 아이는 책 읽고 글을 쓰는 게 행복했습니다. 하지만 어려운 가정형편 때문에 자신의 꿈과는 전혀 다른 길로 가야만 했습니다.

그래서 아이가 꿈을 포기했냐구요. 살아가는 일이 힘겨울 때마다 아이는 책을 스승 삼아 지혜를 구하고 용기를 얻었습니다. 아주 오랜 시간 동안…… . 마침내 아이는 꿈을 이룹니다. 세 아이의 엄마가 된 후에 말이죠. 그 아이가 바로 저입니다.

이 책의 주인공 소라도 마찬가지예요. 무용을 너무도 좋아했던 소라. 아빠의 사업 실패로 도저히 무용을 계속할 수 없는 처지에 놓이지만 소라는 섣불리 자기의 꿈을 포기하지 않습니다. 우아한 백조로의 변신을 기다리는 한 마리 미운 오리새끼처럼.

꿈이란 그런 겁니다. 불가능할 것 같지만 포기하지 않는 한 언젠가는 꼭 이루어지는 것. 몇 번의 실패와 좌절을 겪으면서 저는 꿈이 가져다주는 기적을 몸소 체험했습니다.

아이들에게 글쓰기를 가르치고 있는 저는 요즘 부쩍 경제적으로 어려움을 겪는 가정을 많이 봅니다. 그리고 그 속에서 상처받고 힘들어 하는 아이들을 봅니다. 몇 년 전 우리 집, 우리 아이들의 모습이죠.

이 책은 그런 많은 아이들, 아니 많은 어른들에게 꿈과 희망을 주고 싶어 저와 제 딸이 함께 썼습니다. 작품 속 주인공 소라가 바로 올해 한양대 무용과에 입학한 저의 딸입니다. 원래 이름은 '행복의 파랑새' 청조랍니다.

독자 여러분!

지금 사는 일이 아무리 힘들더라도 좌절하거나 꿈을 포기하지 마세요. 그러면 여러분에게도 반드시 행복의 파랑새가 날아올 겁니다.

2009년 여름, 정명자

무용연습

　"얘들아! 원을 크게 그려야지, 그래야 예슬이가 원 안으로 들어갈 수 있잖아. 예슬이는 더 활짝 웃고 알았지? 자, 음악에 맞춰 다시 한 번 해보자."

　오늘 따라 선생님의 목소리가 점점 더 커진다. 아마도 대회가 얼마 남지 않아서일 것이다.

　우리 무용선생님은 대회가 가까워지면 말도 빨라지고 목소리는 다른 때보다 두 배나 우렁차진다. 음악이 나오자 우리는 다시 원을 만들고, 예슬이는 그 하얗고 예쁜 얼굴을 활짝 펴며 너무도 우아하게 원 안으로 등장한다. 이번 작품의 하이라이트를 위해서다. 금방이라도 날아오를 선녀가 된 듯, 예슬이는 넓은 치맛폭을 휘날리며 돌기 시작한다. 언제나 그랬던 것처럼 우리는 예슬이의 주변을 빙빙 돈다. 마치 하늘 위로 날아가는

선녀를 도와주는 시녀들처럼. 우리 군무의 작품명도 '천상무희'다. 하늘 위의 춤추는 선녀……. 내가 보기엔 완전히 예슬이를 위한 작품이다.

빠른 휘모리장단 후 활짝 웃는 예슬이의 마지막 정지로 우리의 군무는 끝났다.

"잘했어 한예슬! 이번 작품 네가 살려준다. 넌 어쩌면 그렇게 춤을 잘 추니? 정말 예뻐."

가쁜 숨을 몰아쉬며 이마에 흐르는 땀을 닦고 있는 우리에겐 관심도 없으신지 선생님은 예슬이를 칭찬하느라 바쁘셨다.

사실 예슬이는 예쁘고, 키도 크고, 집도 부자다. 거기다 부모님까지 예슬이가 무용하는 걸 적극 지원하시니 무엇 하나 부족한 게 없다. 무용선생님이 예슬이를 예뻐하시는 건 어쩌면 당연하다.

그렇지만 우리는 그 예쁜 예슬이를 질투하고 미워한다. 특히 나는 더 그렇다. 겉으로 표현하지 않을 뿐이지 속으론 누구보다 더…….

왜냐하면 나는 무용을 정말로 좋아한다는 것 외엔 예슬이보다 나은 게 하나도 없으니까. 키도 작지, 얼굴이 아주 예쁜 것도 아니지, 엉덩이는 튀어나와 오리궁뎅이지, 집이 잘사는 것도 아니지, 결정적으로 부모님까지 내가 무용하는 걸 반대하신다. 그러니 언제나 주인공인 예슬이 둘레만 빙빙 도는 것이다.

지난번 부모님들을 모신 학교 행사 때도 공연을 했는데 여기저기서 예슬이 칭찬하는 소리가 끊이질 않았다. 정말 이상한 사람들이다. 작품 감상은 안 하고 예슬이만 봤나보다. 땀 흘리며 열심히 춤춘 건 우리도 마찬가진데. 그런 일을 겪을 때마다 내 가슴은 쿵, 쿵, 한 계단씩 내려앉는다.

"오늘은 이만 끝내고 내일 다시 하자. 대회가 며칠 남지 않았으니깐 집에서도 연습들 좀 하고. 그리고 예슬이! 음악 테이프랑 장구 챙겨서 선생님 차 타자. 같은 방향이니깐 가다 내려줄게."

선생님은 언제나 이런 식이다.

'기가 막혀! 같은 방향에 사는 애가 예슬이 하나뿐인가? 다른 애들도 마찬가지지…….'

내가 속으로 중얼거리는 사이 예슬이와 선생님은 어느새 바람처럼 강당을 나가버렸다.

"야! 선생님하고 한예슬 정말 재수없지 않냐?"

선생님이 나가시길 기다렸다는 듯 수경이가 말문을 열었다.

"왜 아니래? 아니, 우리는 뭐 예슬이 들러리 하려고 무용하는 줄 아나 봐. 맨날 예슬이, 예슬이. 이그! 지겨워 죽겠어."

정화가 거들었다.

"솔직히 군무가 뭐, 예슬이 혼자 잘나서 하는 거냐고! 우리 모두 열심이니깐 춤이 되는 거 아냐? 그렇게 예슬이가 예쁘고 맘에 들면 독무로 내보내지 왜 군무는 시키고 난리야."

이번엔 성경이다.

"야 소라 껍데기! 너는 왜 아무 말도 안 하냐? 너도 불만 있잖아!"

갑자기 수경이가 아무 말도 하지 않는 나에게 심통이 났는지 이렇게 몰아붙였다.

"너희들 말도 맞기는 한데… 예슬이가 예쁘고 무용 잘하는 건 사실이잖아. 내가 선생님이라도……."

"뭐? 너 또 착한 척이냐? 아이고 관두자 관둬, 박소라 너랑 얘기하면 더 짜증나니깐. 얘들아 가자! 어떻게 무용부에는 왕짜증 천지냐? 정말 재수없어."

쌩한 눈으로 나를 흘겨보던 수경이가 아이들과 함께 강당 밖으로 나가버렸다.

'그래! 내가 재수 왕짜증이다.'

이래서 왕따 당한다는 걸 알면서도 이상하게 나는 생각대로 말할 수가 없다. 내가 얼마나 예슬이를 질투하는지, 매번 예슬이에게만 집중되는 사람들의 시선이 얼마나 억울하고 참기 힘든지 친구들에게 속시원히 얘기할 수 있으면 좋으련만.

모두 다 가버리고 강당엔 나 혼자 남았다. 이렇게 남겨지면 무대는 내것이 된다. 나 혼자 있는 이 시간이 좋다. 지금은 내가 주인공이니까.

복잡한 마음을 떨쳐버리고 강당 무대 위에 나 홀로 우뚝 섰다. 그리고 아까 예슬이 몫이던 하이라이트를 위해 돌고 또 돌았다. 이 순간, 나는 박소라가 아닌 한예슬이다. 귀에 휘모리장단이 신나게 들려온다. 금방이라도 몸이 떠올라 저 위로 날아오를 것만 같다.

가쁘게 숨을 몰아쉬면, 어느새 마지막 동작이다. 활짝 웃으며 마무리를 하자 환호성과 박수 소리가 들리고, 내 이름을 부르는 사람들의 커다란 입모양이 눈앞으로 다가온다. 아, 행복해.

나는 같은 장면을 몇 번이고 반복했다. 힘들기는커녕 마냥 즐겁고 신나기만 했다.

"어이 학생! 또 혼자 뭐해? 아무도 없는데, 얼른 집에 가! 강당 문 닫아야 하니까."

학교 수위 아저씨다. 오늘도 어김없이 수위 아저씨는 나의 행복을 빼앗아간다.

"네, 아저씨! 금방 갈게요"

겸연쩍고 부끄러워진 나는 얼른 강당을 나왔다.

'집에 거실만 있어도 참 좋을 텐데. 맘대로 뛰어볼 곳이 한 군데도 없으니……. 에이, 난 왜 이렇게 처량맞은 거야? 하기야 이름부터 소라 껍데기니 오죽하겠어? 소라가 뭐야 소라가. 예슬이처럼 예쁜 이름이면 얼마나 좋아. 하여튼 내 인생은 맘에 드는 구석이 하나도 없다니깐.'

투덜투덜, 어느새 집이다. 우리 집은 학교 바로 옆인데 거실도 없는 15평 임대 아파트다.

몇 년 전 아빠의 사업 실패로 이곳으로 이사 왔는데 잠깐만 살고 다시 큰 집으로 간다더니 여태 같은 곳에 살고 있다. 친구들은 종종 학교가 가까워서 좋겠다고 말하지만 나는 이 아파트가 싫다. 무엇보다, 학교 끝나고 집에 가면 무용 연습을 할 수가 없다. 가끔 동생 둘이 밖에 나가 놀 때면 방에서 한번 돌아보지만 그것도 쉽지는 않다. 여기저기 가구 모서리에 치여서 연습은커녕 멍만 들고 포기하기 일쑤다.

그래도 오늘은 집에 아무도 없었으면 하고 문을 열었는데 역시나 두 동생은 배를 깔고 방에 엎드린 채 책을 읽고 있다. 4학년인 솔희와 여섯 살인 막내동생 환희. 막내 환희는 우리 집에서 엄청난 권력을 휘두른다. 딸 둘을 낳은 엄마가 5년이나 고생한 끝에 얻은 귀한 아들이라서.

솔희는 다섯 살 때부터 바이올린을 배웠는데 지금은 레슨을 받지 않는다. 다 돈 때문이다. 대신 솔희는 학교 끝나면 집으로 곧장 돌아와 동생을 돌본다. 병설유치원에 다니는 환희의 보모 역할을 하는 셈이다. 엄마까지 직장에 나가시면서 동생 돌보는 건 우리 차지가 되었다. 고학년인

나는 수업도 늦게 끝나는 데다 무용 때문에 집에 오는 시간이 일정하지 않으니 동생 돌보는 일은 어느새 솔희가 떠안아버렸다. 신기한 것은 솔희가 정말 환희를 잘 돌본다는 사실이다. 어찌나 동생 비위를 잘 맞추는지 심지어 엄마보다 더 엄마 같을 때가 있다.

환희도 솔희를 참 잘 따른다. 내가 아무리 잘해줘도 환희는 솔희 꽁무니만 졸졸 따라다닌다. 둘은 꼭 쌍둥이 같다. 나이 차가 다섯 살이나 나는데도 솔희가 책을 보면 환희도 책을 보고, 솔희가 화장실에 가면 환희도 함께 간다. 솔희가 밥을 먹으면 환희도 먹고, 솔희가 컴퓨터를 하면 환희도 옆에서 같이 한다.

지금은 둘이 배 깔고 책 읽는 시간인가보다. 내가 들어서자 둘이 동시에 눈만 위로 치켜떠서 나를 한 번 보더니 다시 책읽기에 열중이다.

"솔희야, 언니 며칠 있으면 대회거든. 혼자 집에서 연습 좀 하게 환희랑 밖에 나가 놀다오면 안 돼? 놀이터에 애들 많이 나와 놀던데……."

"싫거든? 나 지금 책 읽는 중이야. 그리고 환희까지 데리고 놀아야 되는데 그게 얼마나 귀찮은지 언니가 알아?"

솔희는 너무도 단호하게 내 말을 받아챘다.

"솔희야, 제발. 언니 진짜 연습해야 된단 말야."

부글거리는 속을 꾹꾹 누르며 나는 다시 한 번 솔희에게 부탁했다.

"싫다니깐! 저번에도 애들이랑 공기놀이 하다가 환희 잃어버릴 뻔 했다고 내가 말했잖아. 그냥 집에 있는 게 더 편해. 그러니깐 언니가 농구장 가서 연습하든지 그래."

솔희는 책에서 눈을 떼지도 않은 채 쫑알거렸다.

"맞아 소라 누나가 나가서 연습해. 우리는 책 봐야 돼."

환희가 한마디 더 거든다. 어린 것이 꼭 끼어들어 한 마디라도 해야 직성이 풀리나보다.

'아이고 인정머리 없는 것들! 정말 세트로 논다.'

그래도 나는 동생들에게 화를 낼 수가 없었다. 엄마, 아빠는 언제나 나에게 큰딸로서 동생들을 보살피고 모범을 보여야 한다고 하신다. 게다가 내가 짜증이라도 내면 환희 저 자식이 엄마한테 바로 고자질할 게 뻔하다. 괜히 집안 시끄럽게 만드느니 내가 참고 말지……

나는 음료수 병에 물을 담아 농구장으로 갔다. 농구장은 바닥에 시멘트가 깔려 있어 평평하긴 하지만 춤 연습하기에 좋은 곳은 아니다. 농구하는 아이들도 많고. 하지만 할 수 없다. 거긴 넓어서 서로 부딪힐 염려는 없으니까.

농구장에 가보니 오늘은 아이들이 별로 없다. 벌써부터 시험공부를 하나? 하긴 시험 한 달 전부터 학원이고 집이고 시험공부를 시키느라 야단이다. 이럴 때마다 나는 우리 집이 가난한 게 참 다행이라는 생각을 한다. 어려워진 후로 우리는 학원을 한 군데도 다니지 않는다. 안 그랬으면 나도 지금쯤 학원을 몇 개씩 도느라 파김치가 됐을 거다.

학원을 보내지 못해서인지 부모님은 우리의 성적에 대해 그리 민감하지 않다. 아니, 사는 게 너무 힘들어 신경 쓸 여유가 없으신 건가?

그러고 보면 가정형편이 어렵다는 게 꼭 나쁘기만 한 건 아닌 것 같다.

가져온 물을 한 모금 마시고는 하늘을 한 번 쳐다보았다. 그러곤 숨을 한 번 들이쉰 뒤 팔을 뻗고 포즈를 잡았다. 혼자 연습을 할 때, 나는 스스로에게 선생님이 되어 춤을 짜주고 연습을 시키기도 한다. 일종의 개인 작품 연습이라고나 할까?

자, 이제 마치 한 마리 새가 된 양 날개를 펴고 날아오를 준비를 한다. 음악도 내 머릿속에 모두 있다. 작품 제목은 '백조의 호수'다.

'따~~딴 딴딴딴따~딴딴 딴따~~딴따라라라라 ♬~♪~♬~♩~♪~♬~♩ 드디어 점프~.'

정말 나는 날아올랐다. 하늘 위로 사뿐히. 나는 백조다, 한 마리 우아한 백조.

따스한 봄바람을 타고 농구장 둘레에 활짝 핀 꽃들의 인사를 받으며 나는 날고 있는 것이다.

"야! 박소라 너 뭐 하냐? 오늘도 무용 연습 하냐?"

분식집 소영이다. 우리 학교에서 공부 제일 잘하는 올백 박소영. 벌써 학원 한 군데 마치고 다른 학원으로 이동 중인가보다. 나는 가끔 소영이가 사람이 아니라 괴물 같아 보일 때가 있다. 어떻게 전 과목 백점을 맞을 수 있지? 같은 박씬데 쟤하고 나는 왜 이렇게 다른지…….

"응, 대회가 얼마 안 남아서. 너는 학원 가는 거지?"

"그래 영어학원 벌써 갔다 왔고, 지금 보습학원 가는 길이야. 근데 소라야, 넌 주인공도 아니면서 맨날 뭘 그렇게 연습을 하냐? 우리 학교 무용부는 한예슬 없으면 쓰러진다넌네……. 한예슬이 맨날 주인공이잖아!"

소영이는 무거워보이는 책가방을 멘 채 이죽거렸다.

"아무튼 열심히 해. 내가 학원에 늦어서."

'아이고, 재수 밥맛. 꼭 그렇게 남의 기를 죽여야 직성이 풀리지. 하여튼 공부 잘하는 것들은 꼭 저렇게 재수가 없다니깐.'

갑자기 무용할 맛이 뚝 떨어졌다. 속으로 욕은 했지만 소영이 말이 모두 사실이니까.

'백날 농구장에서 연습만 하면 뭐 해. 이렇게 다른 사람 비웃음이나 사는데……. 거기다가 한국무용 배우는 애가 발레를 하고 있으니, 내가

생각해도 우습기는 하다.'

　그냥 집으로 갈까 했는데 그래도 발이 떨어지질 않았다.

　'그래, 백조의 호수는 됐고 대회 군무 연습이나 하자.'

　나는 머릿속에 군무 음악을 떠올렸다.

　'띠~라리~띠라리라리랄라라랄~띠리~~랄라'

　어차피 나 혼자니까 예슬이가 맡은 동작을 연습해야겠다고 생각했다. 아니, 그건 핑계다. 나 혼자 연습할 때는 언제나 예슬이가 되어서, 예슬이가 추는 춤을 추었다. 그래서인지 내가 맡은 동작보다 이제는 예슬이가 추는 동작들이 더 익숙했다. 휘모리장단에서 빠르게 도는 것도 정말 어지럽지 않게 해낼 수 있다.

어느새 등줄기가 땀으로 흥건해졌다. 물병의 물도 떨어지고 해도 넘어가고 있다. 왜 그렇게 춤추는 시간은 빨리 가는지.

빈병을 챙겨들고 집으로 향했다. 시원한 저녁 바람이 얼굴을 간질였다. 기분이 좋다.

학교에서

"야, 박하늘. 너 뭘 그렇게 골똘히 생각하고 있냐? 쉬는 시간인데 화장실도 안 가냐?"

"너, 왜 또 내 이름 바꿔 부르는 거야! 내가 왜 하늘이야, 소라지. 내가 이름 바꿔 부르지 말라고 했지? 그렇지 않아도 이름 때문에 짜증나 죽겠는데."

나는 벌떡 일어나 교실 밖으로 나갔다.

우리 반 회장 명석인데 얼마 전부터 나를 자꾸 하늘이라고 부른다. 지구화시대에 발맞춰 외국어를 몇 개 배워두어야 한다면서 영어와 중국어에 이어 이번엔 일본어를 배우기 시작했다는데 일본어로 '소라'가 '하늘'이라나 뭐라나. 하여튼 틈만 나면 나를 놀리고 난리다.

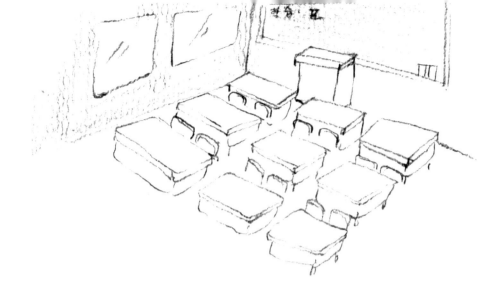

　'명석이 자식 한 번만 더 놀려봐. 그때는 나도 돌멩이라고 놀릴 테니깐. 명석이니깐 밝을 명, 돌 석. 밝은 돌멩이지 크크크.'

　투덜거리는 사이 어느새 수업종이 울렸다. 쉬는 시간은 너무 짧다. 수업 시간이 쉬는 시간이고 쉬는 시간이 수업 시간이라면 얼마나 좋을까? 그래도 한 시간만 지나면 점심 시간이라서 다행이다. 그런데 이번 시간이 내가 제일 싫어하는 수학 시간이다. 이렇게 어려운 수학을 왜 해야 하는지 도대체 나는 이해할 수가 없다. 별로 써먹을 데도 없는 것 같은데. 덧셈 뺄셈만 배우면 안 되나?

　덧셈 뺄셈 배울 때까지는 수학이 그렇게 싫지 않았는데 구구단을 시작할 무렵부터 나는 수학과 원수지간이 되고 말았다. 왜 그렇게 구구단이 안 외워지던지 지금도 그때를 생각하면 아찔하다. 학습지 선생님께 혼나고, 엄마한테 혼나고, 수업 시간에 망신당하고. 그런 난리를 겪었는데,

아직까지도 구구단이 바로바로 나오질 않는다.

어떻게 된 노릇인지, 구구단은 여섯 살짜리 내 동생 환희가 더 잘 외운다. 환희는 구구단뿐 아니라 한글도 어찌나 일찍 떼었는지 우리 집에서는 천재로 통한다.

'천재 동생과 바보 누나? 그럼 유전법칙상 우리 엄마, 아빠가 천재랑 바보라는 얘긴데 둘 중 누가 천재고 누가 바볼까. 엄마? 아빠? 우리한테는 둘 다 공부잘했다고 우기시는데……. 그걸 안다고 내 수학 실력이 좋아질 것도 아니고, 아이고 모르겠다.'

이런저런 다른 생각만 하다보니 수학 시간이 끝났다.

줄을 서서 급식실로 향했다. 오늘 반찬은 뭘까? 나는 언제나 먹는 것에 집착을 해서 주변 사람들로부터 핀잔을 자주 듣는다. 무용하는 애가 왜 그렇게 식탐이 많냐고.

'아~, 이 냄새는 분명 내가 제일 좋아하는 불고기 냄새?'

역시나 불고기가 나왔다. 나는 급식도우미 아주머니께 밥과 불고기를 많이 달라고 부탁했다. 아주머니는 말로는 안 된다고 하시더니 한 번씩 더 퍼주셨다. 신이 났다. 식판을 들고 자리를 찾아가는데 예슬이가 눈에 들어왔다. 그냥 못 본 척 지나치려는 나를 예슬이가 불렀다.

부자인 데다 예쁘고 말수까지 적은 예슬이는 친구들에게 인기가 없다. 함께 무용하는 아이들조차 예슬이를 질투하고 미워하기 때문에 거의 외톨이라고 할 수준이다.

할 수 없다. 나는 예슬이 곁으로 다가가 앉았다. 그런데 예슬이는 내

식판을 보더니 놀란 목소리로 물었다.

"박소라, 너 그 밥하고 반찬 다 먹으려고? 대회도 얼마 안 남았는데 다이어트 해야 하는 거 아니야?"

갑자기 뒤룩뒤룩 살찐 돼지가 된 기분이었다.

"어? 난 조금만 먹으려고 했는데 도우미 아주머니가 이렇게 많이 주시더라고."

"그렇구나. 난 오늘 점심 굶을까 했는데, 아침을 안 먹고 와서 조금만 먹고 저녁을 굶으려고."

"저녁을 굶어? 그럼 배고파서 잠이 안 올 텐데."

"아니, 나는 다이어트가 습관이 돼서 그런 거 없어."

예슬이는 정말 대단한 아이다. 아무리 무용을 해도 그렇지, 초등학생인데 벌써부터 다이어트를 하다니……

나는 아무 말도 못 하고 밥을 한 숟가락 입에 넣었다. 그런데 어찌된 일인지 갑자기 입맛이 싹 사라지는 게 더이상 밥도, 그 맛있는 고기도 먹기 싫어졌다. 그런 내 마음을 아는지 모르는지 예슬이가 식판을 들고 일어섰다.

"나 먼저 갈게. 이따 수업 끝나고 강당에서 보자."

"그래. 이따 보자."

나는 다 기어들어가는 소리로 대답을 하고는 숟가락을 내려놓았다. 이상하게도 예슬이 옆에만 있으면 나는 주눅이 들었다. 어

쩌면 늘 여유 있는 예슬이의 태도 때문인지도 몰랐다. 예슬이는 아이들이 자신을 질투하는 것도, 외톨이처럼 혼자서 밥 먹고 등하교하는 것도 별로 신경 쓰지 않는 듯했다. 어떻게 그렇게도 '고귀한 한 마리 학'처럼 당당할 수 있는 건지…….

오후 수업이 끝나자마자 부리나케 청소를 마치고는 강당으로 갔다. 점심 시간 후로 마음이 영 좋지가 않다. 무용도 하기가 싫었다. 하지만 대회 연습은 해야 하니 어쩔수 없다. 어깨를 축 늘어뜨린 채 강당으로 들어서자 예슬이와 이야기를 나누고 계신 선생님의 모습이 보였다.

"박소라, 너 왜 이렇게 늦었니? 수업 끝나자마자 연습 시작한다고 말했잖아. 다른 애들은 또 왜 안 오고. 아이고, 애들이 대회도 얼마 안 남았는데 왜 이렇게 정신을 못 차려."

사실 나는 청소당번이어서 늦은 거지만 변명하고 싶지도 않았다. 곧이어 수경이, 정화 ,성경이 수민이가 헐레벌떡 뛰어 들어왔다.

빨리 준비하고 무대에 서라고 말씀하시는 선생님 목소리에 신경질이 가득하다.

"다시, 다시 그게 아니잖아!! 너희들 정말 그렇게 할래? 음악하고 동작이 안 맞잖아. 그리고! 표정, 표정! 활짝 웃고 동작 크게!"

선생님 목소리가 점점 커졌다.

"박소라! 너 얼굴 안 펼래? 표정이 왜 그래. 활짝 웃으라는데 웃는 것도 하나 제대로 못 해? 너 때문에 춤이 어둡잖아!"

불호령이 떨어지는데 오늘 따라 춤추는 게 너무 힘들다. 이렇게 몸이 무거울 수가 없다. 아무리 표정을 밝게 하려 해도 얼굴이 펴지지 않는다. 억지로 웃으려 하다보니 입가에서 경련이 일었다.

'왜 이러지? 속도 울렁거리고.'

그냥 집으로 가고 싶었지만 내가 빠지면 군무가 안 되니 꾹 참고 연습을 했다. 선생님 목소리만 쩌렁쩌렁 내 귀를 찔렀다. 겨우겨우 연습을 마쳤다. 다행이다.

"대회 때 부모님 오실 수 있는 사람? 없어?"

우리 모두 서로의 눈빛만 바라보는데 예슬이가 천천히 입을 열었다.

"선생님, 저희 엄마가 오실 거예요. 대회날 점심이랑 의상 입는 거 도와준다고 하셨거든요."

"그래 예슬아, 매번 엄마께서 고생해주시는구나. 감사하다고 전해드려, 알았지? 대회날은 예슬이 어머니께서 도와주신다고 하니깐 그렇게 알고, 분장비하고 소품비는 내일까지 모두 가져와라. 알았지?"

예슬이와 선생님은 또 바람처럼 사라졌다.

나도 얼른 가방을 챙겨 집으로 향했다. 오늘은 정말 쉬고 싶다. 몸도 안 좋은 데다, 걱정거리까지 생겼다. 분장비하고 소품비를 달라고 엄마한테 어떻게 말씀드리지?

"박소라! 일어나봐. 너 밥도 안 먹고 계속 잤다면서 어디 아픈 거야?"

엄마 목소리다. 엄마가 내 이마를 짚으며 나를 깨우신다.

"엄마 지금 온 거야? 그럼 10시가 넘었겠네?"

"그래 10시 반이야. 열은 없는데 왜 밥도 안 먹고 잤어~. 어디 아퍼?"

"아니, 그냥 대회가 가까워져서 연습을 너무 했나봐. 엄청 피곤하더라구. 속도 안 좋고."

"그럼 밥 안 먹을 거야?"

"응, 그냥 잘래. 자고 나면 괜찮겠지 뭐."

"그래, 그럼 소화제나 먹고 자라. 속 안 좋다면서. 점심 먹은 게 체한지도 모르잖아."

엄마는 소화제를 한 병 따주셨다.

"엄마, 근데 나 내일까지 대회 분장비랑 소품비 가져가야 하는데. 돈 없지?"

돈이 많이 든다고 부모님께서 무용을 반대하시기 때문에 나는 돈 얘기를 할 때마다 목소리가 기어 들어간다

"돈 있고 없고 신경 쓰지 말고 얼마인지나 말해. 어차피 올해만 하면 그만인데. 중학교 가면 학교에 무용부도 없고 더이상 할 수도 없잖아. 신경 쓰지 말고 대회 연습 열심히 해서 꼭 최우수상이나 받아와."

엄마는 대회비는 내일 아침에 챙겨주시겠다며 방문을 닫고 나가셨다.

학습지 교사인 엄마는 보통 밤 10시가 넘어서야 퇴근하신다. 그때까지 저녁도 거르고 이 집 저 집 방문하여 아이들을 가르치셔야 한다. 솔희와 환희는 엄마가 선생님이라고 좋아하는데 나는 엄마가 안쓰럽기만 하다. 일을 하시면서부터 소화제도 자주 드시고, 퉁퉁 부은 다리를 주물러달라

고 하시기도 한다.

'예전에는 우리 엄마도 멋쟁이였는데. 예쁘고 활기차고…….'

다시 자려 해도 잠이 오지 않았다. 이런 생각 저런 생각으로 머릿속만 복잡해졌다.

빨리 어른이 되었으면 좋겠다. 그래서 얼른 돈을 벌고 싶다. 그런데, 중학교에 가면 무용을 그만둬야 한다. 어쩌지? 내년이면 중학생인데?

그런 생각을 하자 눈앞이 캄캄해졌다. 다른 아이들은 학원으로 가서 무용을 계속하면 되겠지만, 학원비가 너무 비싸서 나는 다닐 수가 없다. 지금은 학교에서 특기적성으로 하는 거니까 그래도 적은 돈으로 할 수 있는데, 학원에서는 어림도 없다. 아, 다른 방법이 없을까?

한참 후 아빠가 현관문 여는 소리를 어렴풋이 들으며 나는 잠이 들었다.

"어? 엄마 늦었잖아. 나 오늘 학교 일찍 가야 하는데. 아침에 무용부 애들하고 연습하기로 했단 말이야."

정신없이 우왕좌왕하는 나를 보고 엄마가 한마디 하신다.

"그럼 어젯밤에 미리 말을 했어야지. 말도 안 하는데 어떻게 알아. 네가 몸이 안 좋다니까 엄마는 조금 더 자라고 안 깨웠지."

"알았어. 나 얼른 갔다 올게 엄마."

세수도 대충, 옷도 대충, 머리도 대충, 헐레벌떡 나가는 나를 따라오며 엄마가 소리치셨다.

"밥도 안 먹고? 너 분장비하고 소품비 가져간다며?"

"아 맞다. 밥은 됐고 돈이나 줘. 6만 원이래, 엄마."

다시 돌아와 돈 봉투를 받아들고 뛰기 시작했다. 코앞이 학교인데 오늘 따라 학교 가는 길이 참 멀게 느껴진다.

'애들이 다 왔을까? 다 왔으면 또 나한테 뭐라고 할 텐데.'

어제의 고민은 다 어디로 갔는지, 나는 학교를 향해 정신없이 달렸다. 무용을 하기 위해, 신선한 아침 공기를 가르며……

대회는 언제나 떨려

드디어 대회 날 아침!

엄마는 의상을 다리느라 바쁘시다.

"엄마 풀 좀 많이 뿌려서 다려. 저번처럼 흐느적흐느적하게 다리지 말고, 어?"

선생님은 세탁소에서 풀을 먹여 다려오라고 하셨지만 엄마는 세탁비가 너무 많이 든다며 새벽부터 직접 다리고 계신다.

"아이구, 한국무용 의상은 가짓수가 너무 많아서 다리기도 힘들어. 치마는 또 왜 이렇게 폭이 넓으냐? 다려도 다려도 끝이 없네."

엄마가 잠깐 허리를 펴며 한마디 하셨다. 갑자기 미안해진 내가 불쑥 맘에도 없는 말을 내뱉었다.

"그러니까 세탁소에 갔다 주지 뭐하러 엄마가 다려? 매번 그렇게 힘들다고 하면서."

내가 생각해도 참 철딱서니 없는 말이다. 엄마는 나를 한 번 흘겨보시더니 어처구니 없다는 듯 피식 웃으셨다.

"누가 세탁소 갔다 줄줄 몰라서 그러냐? 언젠가 세탁소에 맡겼다가 바가지 썼잖아. 아니, 무슨 다림질 값이 15,000원이냐? 다리미 풀 한 통을 다 뿌려도 2,800원이면 되는데. 힘들어도 엄마가 하는 게 낫지."

"그럼 힘들다고 하지를 말든지. 엄마가 이럴 때마다 내가 얼마나 짜증 나는지 알아?"

대회 때문에 신경이 곤두섰는지 내 마음과 다른 말이 자꾸만 튀어나왔다.

"아이구, 알았어. 알았으니까 얼른 준비나 하셔."

의상과 소품을 챙겨들고, 엄마와 나는 학교 앞으로 갔다. 벌써 아이들이 다 도착해 있었다. 예슬이 엄마도 차를 대고 우리를 기다리고 계셨다. 이번에도 큰 차다. 매번 대회 때마다 예슬이 엄마는 승용차를 두고 더 큰 차를 가져오신다. 우리 모두를 태워가기 위해서다.

그런데, 지난번 대회 때 탔던 차가 아니다. 예슬이네는 차도 여러 대가 있나보다.

"예슬이 어머니! 아이들 때문에 고생이 많으시네요. 그래도 예슬이 어머니가 계셔서 얼마나 든든한지 몰라요. 오늘 애들 잘 부탁드리고, 이거 이따가 애들 점심값에 보태세요. 같이 가보지도 못하고 죄송해요."

엄마가 예슬이 엄마에게 봉투를 건네셨다.

"아니에요. 전 할 일도 없고, 제가 좋아서 하는 일이니까 신경 쓰지 마세요. 그리고 이거 안 주셔도 돼요. 제가 점심 살게요."

예슬이 엄마가 뒷걸음질치며 사양하셨지만 엄마도 포기하지 않았다.

"아니에요. 이렇게라도 해야 제 마음이 편해서 그래요. 제 마음이니까 보태서 써주세요."

이것이 엄마의 사랑법이다. 형편이 어렵지만 그래도 나의 기를 살려주려는 엄마의 마음.

"얘들아 얼른 차 타라. 출발해야 해. 선생님께서 기다리고 계실 거야. 빨리 가야 분장하고 한 번 무대에 서보지."

예슬이 엄마는 대회에 자주 가봐서인지 꼭 선생님 같다. 대회의 모든 것을 훤히 꿰고 계신다.

"예슬이 어머니! 그럼, 부탁드릴게요. 너희들도 열심히 하고, 소라도 알지? 화이팅!"

차가 떠나는데도 엄마는 그 자리에서 계속 손을 흔들고 계셨다. 모퉁이를 돌아서자 엄마가 보이지 않았다. 갑자기 마음이 울컥하면서 엄마가 보고 싶어졌다. 마음이 이상하다.

"박소라! 너 어제 집에 가서 연습 좀 했냐? 아 참, 너네 집에 연습할 데가 없지. 미안, 미안해."

"아니야, 괜찮아. 나, 어제 우리 가족 앞에서 독무했어. 식구들이 엄청 잘한다고 박수 많이 쳐주더라. 특히 우리 아빠, 아빠는 내가 선녀같대.

우리 아빠, 정말 못 말려."

나는 수경이의 말을 아무렇지도 않다는 듯 받아서 대꾸했다. 그러자 예슬이 엄마가 웃으며 말씀하셨다.

"소라는 무용을 정말 좋아하는 모양이구나? 가족들 앞에서 공연도 하고. 우리 예슬이는 아빠가 무용 좀 해보라고 하면 질색을 하는데."

의외였다. 예슬이네는 집도 엄청 크고, 예슬이 연습방도 따로 있다고 들었다. 그것도 벽에 거울까지 설치되어 있다고.

"아줌마. 예슬이는 연습방이 따로 있다면서요? 학교 강당보다 예슬이 연습방이 더 좋다고 하던데, 정말이에요?"

정화가 나 대신 질문을 했다.

"응, 그 정도는 아니고 그냥 연습할 수 있게 방을 따로 꾸며줬어. 내가 그런 걸 좋아하거든."

"아 진짜요? 예슬이는 정말 좋겠다."

정화는 부럽다는 듯 예슬이를 바라보았다.

"그러고 보니 너희들 우리 집에 한 번도 안 와봤구나? 대회 끝나고 모두 우리 집에 들러 쉬었다 갈래? 어차피 너희들 분장도 지워야 하니까. 아줌마가 맛있는 것도 시켜줄게."

"아이, 엄마는 왜 쓸데없이. 오늘 대회 끝나면 애들도 너무 피곤하니까 다음에 해. 나도 쉬고 싶단 말이야."

갑자기 예슬이가 엄마의 말을 가로막았다. 왠지 모르지만 우리를 초대하기 싫은 모양이었다.

"아, 그래 미안! 엄마가 엄마 맘대로만 생각했네? 미안, 애들아. 너희들에게도 미안하다. 다음에 예슬이가 초대하면 그때 놀러와, 꼭!"

아줌마가 서둘러 말을 마치시는 게 좀 이상했다. 예슬이 눈치를 너무 보는 것 같기도 하고…….

어느새 대회장이다. 안으로 들어서자 아이들의 분주한 모습이 한눈에 들어왔다. 여기저기에 의상이 걸려 있고 벌써부터 자리를 잡고 분장하느라 정신이 없다.

"애들아, 이리로 와. 여기에 의상들 걸고 빨리 분장 시작하자."

선생님은 벌써 자리를 잡아두고 계셨다. 예슬이를 편애하시는 탓에 선생님은 우리에게 미움도 사지만, 무용에 대한 열정은 대단하시다. 그리고 언제나 우리를 위해 애쓰신다. 대회 때마다 다른 팀들은 분장사에게 비싼 돈을 내고 분장을 하는데, 우리 선생님은 같이 무용한 선생님 친구에게 부탁해서 아주 싸게 분장할 수 있도록 배려해주신다. 그런데 그분이 다른 분장사들보다 작품의 이미지를 더 잘 살려준다. 특히 나처럼 형편이 어려운 아이에게는 선생님의 이런 작은 배려 하나하나가 큰 힘이 된다.

분장을 마친 우리는 의상을 입고 무대를 보기 위해 모두 대회장 안 무대 위로 올라갔다.

나는 무대 위에 설 때가 좋다. 긴장되고 떨리지만, 무대에만 서면 전혀 다른 세상에 와 있는 기분이 든다. 복잡한 걱정거리는 모두 사라지고, 꿈

같은 나만의 세상이 펼쳐지는 기분.

대회 시작을 알리는 방송이 나오고 우리는 로비에서 순서를 기다렸다. 독무를 마친 다음 군무가 시작되기 때문에 기다리는 시간은 언제나 지루하다. 영영 무대에 서는 순간이 오지 않을 것처럼.

"우남 초 군무, 대기하세요."

진행요원 언니가 우리를 불렀다. 드디어, 우리 차례다.

우리 여섯 명과 선생님은 모두 손을 잡았다 놓은 뒤 무대 위로 올랐다.

가슴이 터질 듯이 두근거렸지만, 이런 긴장되는 순간마저 나는 좋다. 연습실엔 없는 환한 조명, 멀리까지 울리는 음악 소리, 숨 죽인 관객석 그리고 우리들. 늘 질투나고 나를 주눅들게 했던 예슬이도, 너무 조용해서 거리가 느껴졌던 수민이도, 밉살스런 얘기만 하는 정화 성경이 수경이도 지금만큼은 내 몸과 연결돼 있는 것 같다.

무대 위에서 우리는 하나가 되었다. 그리고 우리가 힘겹게 연습해 완성했던 하이라이트. 예슬이는 우리 다섯이서 만든 둥근 원 안으로 사뿐 들어왔고, 넓은 치맛폭을 휘날리며 선녀처럼 돌기 시작했다. 작품 제목 그대로, 우리는 천상무희다.

음악은 마지막으로 치달았다. 내가 제일 좋아하는 마지막 휘모리, 예슬이의 활짝 웃는 얼굴. 모두의 숨이 멈출 듯 강렬한 동작으로 우리의 공연은 끝이 났다.

무대에서 내려오자 선생님께서 흐뭇해하시며 우리를 칭찬하셨다.

"정말 잘했어, 애들아. 오늘 아주 최고야. 지금까지 나온 대회 중에서 제일 잘한 거 같은데? 고생했다. 특히 우리 예슬이 역시나 선생님을 실망시키지 않았어!"

"수고했어, 애들아! 땀 닦고 물 좀 마셔. 조금 이따가 아줌마가 맛있는 점심 사줄게."

예슬이 엄마도 선생님 못지않게 흐뭇해하셨다

기분이 좋다. 선생님이 예슬이를 칭찬하는데도 거슬리지 않고 그냥 우리가 함께 열심히 춤을 추었다는 사실이 기쁘다.

"선생님 발표는 언제 난대요? 우리가 최우수상을 받을 수 있을까요?"

소심한 수민이가 조심스레 입을 열었다.

평소 수민이는 거의 말을 하지 않는다. 너무 얌전하고 조용해서 가끔은 우리 군무팀이 여섯 명이 아니고 다섯 명인 것 같은 착각이 들기까지 한다. 그런데 이번에는 수민이도 꽤나 기대가 되는 모양이었다. 우리 모두가 이렇게 만족해하는 것도 오랜만이다.

"글쎄, 발표는 발레까지 다 마치고 오후쯤에 하겠지? 어쨌든 편하게 생각하고 점심이나 먹으러 가자. 그때까지 대회장에 들어가서 다른 팀들 하는 거나 좀 보고 있어."

선생님은 오늘 여유가 있어 보인다. 다른 때 같으면 무대에서 내려온 뒤에 잘못된 부분을 지적하느라 야단이셨을 텐데 말이다.

나와 친구들은 대회장 안으로 들어갔다. 중간쯤 자리를 잡고 앉았다. 내 옆에 예슬이가 와서 앉는다. 아마도 예슬이는 내가 마음에 드는 모양이다.

다른 팀들의 작품도 하나같이 아름다웠다. 이것도 병이다. 내 눈엔 누가 추는 춤이든 다 좋아 보이니…….

마지막 군무팀 공연이 끝나고 발레가 시작되었다. 우리는 모두 나와 점심을 먹기 위해 예슬이네 엄마를 따라갔다. 아줌마는 왕갈비집으로 우리를 데리고 가셨다. 우리는 정말 엄청 먹었다. 그동안 대회 때문에 스트레스를 받아서인지 고기가 마구마구 당겼다. 얻어먹는 거라 맛도 더 좋았다. 근데 왠지 마음 한구석이 자꾸 걸린다. 엄마랑 아빠 그리고 동생들 얼굴이 떠올라서다. 우리 가족이 함께 이런 소갈비를 먹어본 게 언제더

라? 기억도 나지 않을 만큼 오래 전이다. 기껏해야 가끔 삼겹살이나 사다 구워먹는 게 고작인데, 환희랑 솔희도 무지 먹고 싶겠지? 갑자기 바보처럼 눈물이 핑 돈다.

"소라야, 너 왜 안 먹어? 더 먹어. 저번 급식 시간에 보니깐 너 불고기 좋아하던데. 우리 엄마가 한턱 내는 거니깐, 걱정하지 말고 실컷 먹어."

"엄마! 여기 갈비 좀 더 시켜줘, 응?"

예슬이는 정말 나에게 다정하다. 내가 속으로 질투하고 미워하는 것도 모르고 나한테 너무 친절하다. 갑자기 미안한 생각이 들었다. 아이고, 박소라 머릿속이 또 복잡해진다. 식구들 생각하랴, 친구 생각하랴. 내 이런 성격은 언제쯤 고쳐질까?

"얘들아 많이 먹어라. 선생님도 많이 드시고요. 오늘은 정말 아이들이 잘한 것 같아요, 그렇죠? 선생님! 제가 다 흐뭇하더라니까요."

"네 어머니! 매번 우리 예슬이 어머니께서 이렇게 도와주시니 저도 힘이 나요. 아이들도 그렇고요. 정말 감사드려요"

"별 말씀을요, 선생님이 고생이시죠. 이제 중학교에 가야 하니깐 오늘이 애들 마지막 대회네요?"

"그러게요. 제가 쭉 가르친 아이들이라 애착이 많은데 다음 후배들이 있으니깐 위로를 삼아야죠, 뭐."

"선생님, 우리 예슬이는 중학교에 가도 무용을 계속할 거니깐 선생님께서 개인레슨을 해주실 거죠?"

선생님과 예슬이 엄마의 다정한 모습을 보니 나는 또 엄마가 그리워진다. 우리도 집이 어려워지기 전에는 언제나 엄마가 나를 데리고 다니며 뒷바라지를 해주셨다.

지금 선생님 앞에 앉아 있는 예슬이 엄마의 모습이 몇 년 전 우리 엄마의 모습 같다.

"소라야, 너도 중학교 가서 무용 계속 할 거지?"

예슬이 엄마가 갑자기 물어오셨다.

"아뇨, 안 하려구요."

"왜? 난 소라만큼은 계속 무용을 할 거라고 생각했는데."

"성적이 너무 안 나와서 중학교 가선 공부해야 해요."

"그렇구나."

그렇게 태연한 척 대답해놓고는 갑자기 눈물이 날 것 같아 고개를 숙였다.

"박소라! 뭘 그렇게 멍하니 있어? 더 먹으라니깐. 너 때문에 시켰는데 이거 남겠다."

예슬이가 나를 챙긴다. 그런데 더이상 먹고 싶지 않다.

"너 배부르니? 그럼 이거 어쩌냐? 다른 애들도 그만 먹는다는데. 괜히 시켰나?"

"예슬아, 그럼 이거 나 포장해가면 안 될까? 내가 워낙 고기를 좋아하잖니. 이따가 집에 가면 또 먹고 싶을 게 뻔해. 그러니깐 내가 포장해갈 게, 응?"

"그래. 어차피 시킨 거니까 그렇게 해. 너 고기 진짜 좋아하는구나? 후후후."

예슬이는 포장까지 해달라는 내가 재미있는지 웃음을 터뜨렸다. 이제 더이상 무용을 할 수 없다는 생각에 괴로운 중에도 예슬이의 천진한 웃음이 날카롭게 마음에 꽂혔다. 괜스레 자존심이 상했지만, 그래도 갈비를 먹으며 좋아할 동생들을 생각하자 기분이 나아졌다.

점심을 먹고 대회장으로 가니 벌써 심사결과가 붙었는지 아이들이 모여 있었다. 우리도 단숨에 달려가 결과표 앞에 비집고 섰다.

〈군무 최우수: 우남 초 '천상무희'〉

우리는 너무 좋아서 소리를 지르며 끌어안았다. 그리고 모두 팔짝팔짝 뛰었다. 이때만큼은 모두 하나였다. 수경이, 정화, 성경이, 수민이, 나 그리고 모두의 질투를 받았던 예슬이까지.

최우수상 - 천상무희
(우 남 초)

    선생님은 눈물까지 글썽이며 우리를 안으셨다. 오늘만큼은 선생님이 밉지 않았다. 그렇게 호되게 야단치시던 선생님이 오히려 고맙기까지 했다. 정말 변덕이 팥죽 끓듯 한다.

    아! 무용과 관련된 모든 것이 나는 좋다. 춤을 춘다는 것, 무대에 오르는 것, 상을 타는 것, 아니 설령 떨어진다 하더라도 그냥 그 춤이 좋다. 춤 출 때의 기분이 너무 좋다.

내 마음이 이상해

"오늘은 운동장조회를 할 예정이니 각 학급 어린이들은 모두 운동장으로 나가주시길 바랍니다."

공기놀이에 한창 정신이 팔려 있는데 방송이 나왔다. 운동장에서 조회를 하려는 걸 보니 아마도 오늘 시상식이 있는 모양이다. 보통은 교실에서 방송조회로 대신하는데 무슨 특별한 일이 있는 경우 이렇게 전교생을 모아놓고 운동장에서 조회를 한다. 오늘 조회 때는 지난번 무용대회에서 우리가 받은 최우수상을 시상하려는 것 같다.

"소라야, 너희들 오늘 운동장에서 상장 받는 거 아니니? 지난번 무용대회 상장 말이야. 하긴 예슬이가 대표로 나가서 받을 거긴 하지만…….아이고, 오늘 또 교장 선생님 말씀 꽤나 길게 하시겠다. 운동장조회는 정말 싫다니깐."

우리 반 일등 올백 박소영이 또 아침부터 내 속을 긁었다. 하기야 쉬는 시간도 아까워하며 책을 보는 소영이가 운동장조회를 싫어하는 건 당연하다.

나도 운동장조회 때마다 교장 선생님 말씀이 지겨운 건 사실이다. 어른들은 원래 말이 많은가보다. 가끔 우리 가족이 시골에 가면 할머니랑 할아버지도 우리를 붙들고 계속 이야기를 하신다. 사촌들과 놀고 싶은데도 계속해서 이 얘기 저 얘기를 하시면서 우리를 놓아주지 않는다. 엄마 아빠는 할머니 할아버지가 우리를 너무 사랑하셔서 그런 거니까 그냥 들어드리라고 눈치를 주시지만 나는 참 괴롭다.

교장 선생님도 꼭 우리 할아버지 같다. 복도에서 마주치면 언제나 우리에게 웃어주시고 어떤 날은 등도 토닥토닥 두드려주신다. 우리가 예쁘신가보다. 조회 때 우리에게 하시는 말씀도 늘 꿈을 가진 어린이가 되어라, 최선을 다하는 어린이가 되어라, 이 사회에서 꼭 필요한 어린이로 자라라 등등 모두 우리를 위해서 하시는 말씀이다. 그런데 우리에겐 교장 선생님 말씀을 듣는 게 너무 지루하고 힘든 시간이라는 사실을 모르시는 것 같다.

어느덧 운동장엔 아이들이 모두 모이고 조회가 시작되었다.

역시 지난번 무용대회 상장을 수여하기 위해서였다. 선생님이 호명을 하자 예슬이가 대표로 상을 받기 위해 교단으로 뛰어올라갔다. 너무나 부러운 순간이다. 나는 지금까지 6학년이 되도록 교단에 올라가 상 한 번 받아본 적이 없다. 손으로 꼽을 수 없을 정도로 많은 상을 친구들이 탔지만 난 언제나 뒤에서 박수만 쳤다.

'아니 최우수상은 우리 여섯 명이 모두 함께 공연을 해서 받은 건데, 왜 꼭 대표만 불러서 상을 준담. 군무라 상장이 하나라서 그런가? 그래도 그렇지, 상장은 예슬이가 대표로 받더라도 우리 모두 불러주면 어디가 덧나나? 너무 하는 거 아니야?'

상장을 들고 사뿐사뿐 계단을 내려오는 예슬이를 바라보고 있자니 부러움은 이내 속상함으로 바뀌었다.

'그렇다고 너무 실망 마, 박소라. 너도 언젠가는 전교생 앞에서 상 받는 날이 있을 거야. 나라고 그러지 말라는 법도 없지 뭐. 아직 중학교도 있고 고등학교도 있잖아?'

시상식은 끝났어도 교장 선생님의 말씀은 길고 길게 이어졌다. 뭐라고 하시는지 내 귀에는 하나도 들어오지 않았다. 참기 힘든 아이들이 뒤에서 발로 땅을 찾는지 뿌연 흙바람이 앞으로 밀려왔다. 이래저래 괴로운 시간이다.

교실로 들어오자 아이들이 내 옆으로 모여들었다.

"야 박하늘 아니, 소라 축하한다. 역시 우리 학교 무용부는 최고인가 봐. 너희들 지금까지 대회에 나갈 때마다 상 탔지?"

나를 늘 하늘이라고 놀리던 명석이 녀석이 오늘은 어쩐 일인지 축하를 다 해준다. 정말 별일이다.

"응. 우리 무용부가 좀 하지?"

내가 잘난 척을 좀 하는데 곧바로 더 잘난 박소영이 끼어들었다.

"무용부가 잘하는 게 아니라 한예슬이 잘하는 거겠지. 원래 우리 학교 무용부는 한예슬 없으면 아무것도 아니지 뭐. 내 말이 틀려, 박소라?"

나는 순간 머리에서 김이 나고 뚜껑이 열려 폭발할 것만 같았다. 당장이라도 박소영 저 계집애한테 달려들어 입을 막아버리고 싶었다. 그런데 또 아무 말도, 아무 짓도 못하고 그냥 아무렇지 않은 척 책상만 바라보았다.

"야, 박소영. 너 너무한 거 아냐? 아무리 그래도 그렇지, 아무렴 한예슬 혼자 잘해서 상을 탔겠냐? 모두 다 열심히 했으니깐 탔겠지. 그리고 박소라는 우리 반인데 칭찬을 하려면 그래도 같은 반 친구를 칭찬해줘야지. 너는 왜 맨날 박소라를 씹냐?"

"야 김명석! 너 박소라 좋아하냐? 왜 끼어들고 난리야. 내가 소라를 씹든 먹든 네가 무슨 상관이야, 짜증나게!"

나는 점점 머리카락이 곤두서기 시작했다. 그러더니 갑자기 속에서 불이 올라왔다.

"야 니들, 그만하고 저리 비키지 못해? 내가 무슨 동네북이냐? 맘대로 치고 놀게. 정말 짜증나고 재수없는 게 누군데! 가만히 있으니깐 내가 그렇게 만만해 보여?"

어디에서 그런 용기가 났는지 내가 갑자기 벌떡 일어나 고함을 치기 시작했다.

"박소영! 그래, 나 한예슬보다 무용 못해. 집도 안 좋고, 얼굴도 안 예뻐. 그런데 네가 뭐, 나 무용하는 데 보태준 거 있어? 네가 뭔데 맨날 내 일에 참견이야. 공부 좀 잘하는 게 뭐 그렇게 대단하다고. 너 정말 왕재수에 왕짜증이다."

이런 내 모습에 나도 놀라고 아이들도 놀랐다. 우리는 더이상 아무 말도 못한 채 그저 멍하니 서 있기만 했다.

"야, 선생님 오신다. 빨리 자리에 앉아."

수업이 시작되었는데도 진정이 안 됐는지 계속 가슴이 뛰었다.

'아니, 순둥이 박소라에게도 이런 면이 있었나?'

나 스스로도 당황스럽고, 한편으로는 애들이 뭐라고 할까 걱정이 되었다.

수업을 마치고 돌아오는데 명석이 자식이 따라왔다.

"야 박소라, 미안하다. 나는 그냥 박소영이 너무 심한 거 같아서 한마디 거든 건데, 괜한 오해만 사게 만들었다. 이해해라. 근데 너 오늘 보니 아주 대단하더라. 그래, 애들이 뭐라고 하면 너도 참지만 말고 덤벼. 보기 좋던데?"

"아, 됐어! 너나 잘해. 괜히 좋아하니 어쩌니, 그런 소리 안 나오게 말이야. 짜증나니깐."

내 말에 잠시 멈칫거리던 명석이가 슬그머니 꽁지를 뺀 채 달아나버렸다. 오늘 보니 명석이 자식, 나름 멋진 구석도 있는 것 같다.

그나저나 소영이와 다툰 일 때문에 마음이 복잡하다. 하지만 절대 먼저 사과는 안 할 거다.

막 떡볶이집을 지나는데 소영이 엄마가 활짝 웃으시며 나를 부르셨다.

"소라야, 우리 소영이 같이 안 오니? 같은 반이니까 끝나는 것도 같을 텐데."

"아~ 아줌마, 소영이요, 잘 모르겠는데요. 제가 끝나는 대로 바로 나와서요."

나는 무슨 죄라도 지은 사람처럼 고개를 숙인 채 집으로 뛰어왔다.

'소영이랑 다툰 걸 소영이네 아줌마가 아시면 어쩌지? 어차피 알게 되시겠지만… 그래도 뭐, 내가 무슨 상관이야. 먼저 시작한 건 소영이 그 계집앤데. 아이고, 이젠 떡볶이 먹는 건 다 틀렸다. 어떻게 소영이네 집

에서 떡볶이를 사먹을 수 있겠어. 내가 소영이한테 왕재수 왕짜증이라고 욕한 걸 알면 소영이 엄마가 엄청 화내실거야.'

또 머리가 복잡하다. 소영이네 떡볶이는 우리 아파트 단지에서 최고다. 아니, 그렇게 맛있는 떡볶이는 지금까지 어디에서도 먹어본 적이 없다. 그리고 아줌마가 인심이 좋으셔서 500원어치만 사도 항상 많이 주신다. 특히 나한테는 더 그렇다. 농구장에서 힘들게 연습하는 걸 봐서 그러시는 것 같다. 그런데 앞으로는 그 떡볶이를 먹을 수 없게 된다. 평소대로 그냥 참을 걸 그랬나 하는 후회가 들지만 이젠 어쩔 수 없다. 그냥 다른 집 떡볶이를 먹는 수밖에……

집에 도착하니 오늘은 어쩐지 솔희와 환희가 보이지 않는다. 내가 무용 연습 좀 하려고 그렇게 나가 놀아달라고 사정할 때는 꿈쩍도 안 하더니, 대회 끝나니까 놀이터에 나간 모양이다. 내 동생들이지만 정말 못 말린다. 덕분에 오랜만에 컴퓨터가 내 차지가 되었다.

나는 얼른 인터넷에 접속해 혹시 쪽지가 와 있는지 확인했다. 그런데 이상하다. 쪽지가 세 개나 있었다. 평소 나는 친구들과 쪽지를 거의 주고받지 않는데…….

열어보니 하나는 친척 언니, 하나는 이사 오기 전에 친했던 친구 수미, 그런데 하나는 잘 모르는 이름이었다. '우주전사'라고 씌어 있는데, 자세히 읽어보니 우리 반 명석이 자식이었다. 전에 무용대회 나갈 때 잘하고 오라고 보낸 응원쪽지인데, 이제야 열어본 것이다.

'얘는 학교에서 맨날 보는데 무슨 쪽지를 보내냐? 그리고 지가 언제부터 내 대회까지 신경을 썼다고.'

기분이 묘했다. 오늘 학교에서 내 편을 들어주던 거 하며 나를 놀리던 거 하며, 소영이 말대로 명석이가 나를 좋아하는 건가? 그럴 리가 없다. 내가 뭐가 좋다고. 좋아할 거면 적어도 한예슬 정도는 되어야지. 그 자식 눈이 얼마나 높은데. 여자애들에게도 명석이는 인기 짱이다. 공부 잘하지, 키 크지, 얼굴 잘생겼지. 우리 반뿐만 아니라 다른 반에서도 명석이를 좋아하는 여자애들이 많다.

그냥 무시하고 미니홈피를 꾸미는데 쪽지가 들어왔다. 우주전사, 아니 명석이다.

'박소라 뭐하니?'

'그냥 놀아. 왜?'

'나도 그냥 심심해서.'

'니 쪽지 이제 봤어.'

'어, 그래?'

'근데 왠 쪽지? 웃긴다, 너.'

'그냥.'

'……'

'뭐 해?'

'나 지금 바빠.'

'그래? 나도 학원 가야 돼.'

'어 그래.'

'나 간다.'

'응.'

참 싱거운 놈이다.

나는 잠시 모든 걸 잊고 열심히 홈피 꾸미기에 빠졌다. 특히 내 캐릭터를 멋지게 꾸미는 데 공을 들였다. 내 맘대로 캐릭터를 치장하고 꾸밀 때 나는 행복해진다. 평소 내 외모에 대해 불만이 많기 때문에 이렇게 컴퓨터에서라도 내 모습을 마음대로 바꾸는 게 좋다. 실제로도 나를 이렇게 멋지게 바꿀 수 있다면 얼마나 좋을까? 그러면 예슬이보다 내가 훨씬 더

인기 좋을지도 모르는데…….

하지만 절대 불가능한 일이다. 아무리 성형이 발달한 시대라고 해도 내 짧은 다리와 오리궁뎅이는 어쩔 수 없을 것이다. 이럴 땐 아빠가 원망스럽다. 하체는 완전히 아빠를 빼다박아서 이 모양이니 말이다.

그래도 아빠는 내가 제일 예쁘다고 말씀하신다. 그러면서 늘 위로라고 하시는 말씀이 어차피 한국무용은 발레처럼 몸매가 드러나는 게 아니고 한복으로 꼭꼭 둘러싸고 춤을 추니까 하체는 상관없다는 것이다. 아빠 닮아서 얼굴이 받쳐주니까 신경 쓸 거 없다면서.

그런데 우리 아빠, 정말 뭘 몰라서 하시는 말씀이다. 무용하는 사람들이 얼마나 예쁘고 날씬한지.

'하긴 이제 무용도 못하게 되는데 뭐. 올해만 지나면 난 중학생이 되고 무용은 초등학교까지만 한다고 엄마와 약속했으니 그냥 포기하는 수밖에.'

갑자기 기분이 나빠졌다. 지난번 대회 때 예슬이 엄마와 선생님께서 나누던 말씀이 생각났다.

"우리 예슬이 중학교에 가면 선생님께서 작품도 짜주시고 개인레슨도 부탁해요." 하던 그 말이 자꾸 내 머릿속에 빙빙 돌았다.

'아, 그 자리에 우리 엄마가 앉아 있고 내가 예슬이 자리에 있다면…….'

세상은 불공평하다. '꿈은 이루어진다'고 말하지만 백날 꿈을 꾸면 뭐 하나. 쉼 없이 연습을

하고, 자나깨나 무용 생각만 하는데도 가난 때문에 내 꿈을 포기해야 하
는걸……. 컴퓨터를 꺼버렸다.

　이불을 뒤집어쓰고 잠을 청해보았지만 눈물만 쏟아졌다. 그때 아파트
현관문 여는 소리가 들려왔다. 동생들 목소리가 시끄럽다.

　'쟤들은 또 뭐가 그리 신나고 좋은지…….'

　동생들이 부르는 소리도 무시하고 나는 슬며시 잠 속으로 빠져들었다.
그리고 꿈을 꾸었다. 꿈속에서 소영이 엄마가 무섭게 소리를 지르며 날
추격해오셨다. 놀란 나는 도망가고 또 도망가고, 그렇게 달리다보니 다
시 소영이네 떡볶이 집이다. 무용의상을 입은 채 나는 아무렇지도 않게
의자에 앉아 떡볶이를 먹고 있었다. 꿈속에서까지도 참 복잡하다.

동생들 때문에 힘들어

오늘은 즐거운 놀토. 학교에 가지 않으니까 참 좋다.

정말 이상하게 학교에 가지 않는 날은 누가 깨우지 않아도 일찍 일어
난다. 오늘도 내가 가족들 중 가장 먼저 일어났다. 일어나자마자 컴퓨터
를 켰다. 동생들이 일어나기 전에 빨리 컴퓨터를 점령해야 한다. 안 그럼
한바탕 전쟁을 치러야 하니까.

컴퓨터가 막 부팅되었는데 솔희와 환희가 어느새 내 곁으로 다가왔다.

"누나 나 크아 할래. 빨리 크아 해줘. 얼른. 내가 먼저 할 거란 말이야,
얼른 빨리~."

"누나가 먼저 일어났으니까 누나가 먼저 해야지. 잠깐만 기다려. 누나
조금만 쓸게."

"싫어. 나 먼저 할 거야, 누나가 이따 해."

"언니, 얼른 환희 먼저 시켜줘. 이러다 엄마 깨면 우리 다 못 한단 말이야. 빨리~ 응?"

"솔희 누나가 나 먼저 하래잖아. 얼른 나 먼저 해줘. 안 그러면 엄마한테 이른다."

또 고집이다. 환희의 똥고집.

"누나 조금만 쓸게 환희야, 응? 잠깐만."

"엄마, 누나가 컴퓨터 못하게 해. 엄마. 엄마!"

결국 엄마를 깨우는 나쁜 놈 환희.

"니들 아침부터 또 싸우는 거야? 어제 늦게까지 수업을 했더니 피곤한데 아침부터 시끄럽게 해서 엄마를 깨워야겠니, 응? 그리고 소라, 솔희! 너희들 낼 모레가 중간고산데 그러고 놀다가 시험볼 거니? 특히 소라! 이제 무용대회도 다 끝나고 중학교 가야 되는 애가 공부는 안 하고 컴퓨터 가지고 동생들이랑 싸우기나 하고! 맏이라는 애가 정마알~."

환희 자식 때문에 나는 또 아침부터 철없는 맏이가 되어버렸다. 이럴 땐 동생이 아니고 웬수다. 웬수!

엄마의 잔소리가 계속되고 결국 우리 3남매는 일주일 간 컴퓨터 사용 금지를 당하고 말았다.

'환희 너, 다음에 보자. 엄마 없을 때. 지가 무슨 이 집 왕이라고 맨날 저 하고 싶은 대로만 하냐? 지하고 나하고 나이 차가 몇 살인데 맨날 누나를 이겨먹으려고 해. 아주 이번에는 버릇을 단단히 고쳐놓고 말 거야.'

억울하고 분해서 견딜 수가 없었다. 그리고 왜 애들을 셋이나 낳았는지 엄마가 원망스럽기까지 했다. 나만 낳았다면 나도 예슬이처럼 공주 대접받으며 클 수 있었을 텐데. 오늘은 동생들이 너무 밉다.

거실도 없이 큰 방 하나에서 생활해야 하는 것도 너무 짜증스러웠다. 거실이라도 있으면 오늘처럼 엄마가 자는 걸 방해하지도 않고 컴퓨터 사용 금지를 당하지도 않았을 텐데. 아무튼 모든 게 다 갑갑한 날이었다.

공부를 하려고 책을 폈는데 아무것도 머리에 들어오질 않는다.

'에이 모르겠다. 자전거나 타야지.'

나는 자전거를 끌고 밖으로 나왔다. 너무 이른 시간이어서인지 길에는 아이들이 보이지 않았다.

자전거를 타고 아파트를 한 바퀴 돌았다. 아침 공기가 참 신선하다. 학교 갈 때도 아침 일찍 나오는데 왜 쉬는 날의 공기만 이렇게 포근하고 신선할까?

아파트를 돌아 농구장으로 갔다. 농구장에도 사람이 없었다. 마치 나를 위해 준비된 무대인 것처럼. 나는 농구장 중앙에 자리를 잡았다. 그리고 천천히 음악을 떠올렸다.

'백조의 호수' 음악에 맞춰 쉬지 않고 춤을 추었다. 나는 한 마리 백조다. 지금은 모든 사람들이 나를 미운오리 새끼로 알고 있지만 언젠가, 언젠가 때가 되면 한 마리 우아한 백조의 모습으로 힘차게 날아오를 것이다.

점프. 점프. 저~엄프.

나는 눈을 감았다. 날개를 쫙 펴고, 마침내 날아올랐다. 아, 하늘이다. 구름이다. 숲이 보이고 강이 보인다. 바람이 나를 안는다. 이 기분을 어떻게 설명할 수 있을까.

살며시 눈을 떴다. 그런데 눈앞에 엄마가 서 있다. 나를 빤히 바라보며 엄마가 서 계신다. 갑자기 엄마가 낯설게 느껴졌다. 왠지 '엄마.' 하고 부르기가 멋쩍다.

"소라야 너, 이 아침에 여기 혼자 나와서 춤을 추고 있는 거야? 무용이 그렇게 좋니?"

"엄마는 여기 웬일이야?"

나는 엄마의 물음에 대답하지 않고 말을 돌렸다.

"네가 나갔다고 하길래 걱정이 돼서 찾으러 나왔지!"

엄마는 언제나 이렇다. 우리를 혼내시고는 금세 마음 아파하신다.

"왜 묻는 말에 대답을 안 해. 하긴 들을 것도 없지. 엄마가 너를 왜 모르겠니? 내가 낳았는데……."

뭐라고 대답해야 좋을지 몰라 머뭇거리는 사이에 엄마가 내 손을 잡고 쓸어내렸다.

"소라야 엄마가 미안하다. 맨날 큰애라고 너한테만 양보하라고 하지? 그래도 엄마는 우리 큰딸이 제일 든든해. 항상 고맙고. 네 눈에는 엄마가 환희만 예뻐하는 것 같아 보일지 모르지만 그건 아냐. 엄마에게는 너희 셋 모두 소중하단다. 특히 어려워진 후로는 너희 셋이 얼마나 힘이 되는지 몰라. 엄마가 환희를 감싸주는 건 아들이라서가 아니라 아직 어려서야. 너랑 솔희가 어렸을 땐 엄마가 언제나 곁에 있어줬지만 지금 환희는 아니잖니. 아침에 유치원에 갈 때 잠깐 엄마 얼굴 보고는 그만이잖아. 엄마가 늦게 오니까 잘 챙겨주지도 못하고, 그래서 그래. 그러니까 우리 큰딸이 엄마 좀 이해해줘라. 응?"

갑자기 엄마에게 미안한 마음이 들었다. 눈물이 와락 쏟아졌다.

"엄마! 내가 잘못했어. 근데 요즘 나도 모르게 자꾸 짜증이 나고 신경질을 부리게 돼. 그러면 안 된다는 걸 잘 아는데, 내 마음이 내 뜻대로 안 되는 거야."

"아이구, 우리 딸 엄청 서러웠나봐. 사춘기라서 그런가?"

엄마가 나를 꼭 안았다.

"그래도 엄마 없을 때 동생들 좀 잘 돌봐줘. 그래야 엄마가 걱정 안 하고 일할 수 있지! 응? 우리 소라가 잘 할 수 있을 거라 엄마는 믿는다."

엄마는 나를 더욱 꼭 안아주셨다.

엄마의 품은 언제나 따뜻하다. 그리고 이렇게 나를 안아주실 때 나는 엄마의 냄새가 나는 참 좋다. 서운했던 마음은 금세 어디로 가고, 나는 엄마 품속에서 착한 아이가 되었다.

"엄마 오늘 아침에 김치찌개 해주면 안 돼? 저번부터 엄청 먹고 싶었는데."

"그래. 나온 김에 슈퍼에서 참치하고 두부 좀 사가지고 가자. 우리 큰딸이 먹고 싶다는데, 엄마가 그 정도도 못 해주겠니?"

엄마는 나 대신 자전거를 끌고 슈퍼로 향했다. 우리는 슈퍼에서 참치랑 두부를 샀다. 그리고 과자도 세 봉지 샀다. 나는 초코땡, 솔희는 치토스, 환희는 바나나킥이다. 엄마는 내가 동생들이 좋아하는 과자를 챙기는 게 기쁘신 모양이다.

"아이구, 우리 딸 정말 기특한데? 그래도 동생들이 좋아하는 과자까지 다 알고 챙기네."

나는 불쑥 엄마에게 소영이 얘기를 꺼냈다.

"엄마 있잖아, 저번에 나 소영이랑 싸웠는데 지금까지 말을 안 하거든. 근데 문제는 떡볶이를 먹을 수 없다는 거야. 엄마도 알다시피 내가 걔네 떡볶이를 좀 좋아했어야지."

"뭣 땜에 싸웠는데?"

엄마는 별로 놀라지도 않으셨다. 애들이니까 그럴 수 있다고 생각하시는 걸까?

"아니~, 소영이가 애들 앞에서 우리 무용부 상 탄 게 예슬이 혼자 잘해서라고 말하는 거야. 우리 무용부는 한예슬 없으면 아무것도 아니라면서. 엄마, 원래 군무는 한 사람만 잘한다고 되는 게 아니지? 다 같이 잘해야 되는 거 맞지?"

나는 의기양양해서 엄마에게 자초지종을 털어놓았다.

"그래, 네 말이 맞아. 우리 착한 소라가 무용 때문에 친구하고 다툰 걸 보니까 무용이 좋긴 좋은가보구나. 그래도 이제 며칠 지났으니까 네가 먼저 소영이한테 사과해. 언제나 먼저 사과하는 사람이 큰사람이야. 그리고 너 떡볶이 엄청 먹고 싶잖아, 그치?"

"싫어! 떡볶이는 엄마가 만들어주면 되지. 이번엔 절대 먼저 사과 안 할 거야."

말은 이렇게 했지만 사실 엄마 말씀이 맞다는 걸 나도 알고 있었다. 얼른 사과하고 소영이네 떡볶이를 빨리 먹고 싶었다. 솔직히 엄마의 요리 솜씨는 별로다. 특히 소영이네 아줌마 떡볶이 맛은 도저히 엄마한테선 나올 수 없는 맛이다. 그런데도 내가 먼저 사과하는 건 싫다. 사는 게 왜 이리 복잡한 건지…….

집에 들어오니 방이 벌써 싹 치워져 있었다. 그리고 아빠랑 솔희, 환희가 엄마랑 내 얼굴을 슬쩍슬쩍 보며 눈치를 살폈다.

"솔희, 환희. 얼른 누나한테 미안하다고 해."

아빠가 엄한 목소리를 내며 힘주어 말씀하셨다.

"얼른 누나한테 사과 안 해? 아빠 말 안 들으면 알지?"

쭈뼛쭈뼛 눈치를 보는 동생들을 다그치며 아빠는 다시 엄포를 놓지만, 이건 아빠의 연기다. 아빠는 우리를 혼낸 적이 한 번도 없다. 언제나 혼내는 건 엄마, 달래는 건 아빠의 몫이다.

그런데 오늘은 나와 엄마의 기분을 풀어주기 위해 동생들을 데리고 연기를 하시는 것이다. 너무 어설픈 연기지만 기분이 나쁘지 않다.

"언니, 미안해."

솔희가 먼저 입을 떼자 환희가 냉큼 말을 이었다.

"누나, 나도 미안해."

역시 사과도 세트로 한다.

"한 번 안아줘야지!"

또다시 아빠의 명령이 떨어지자마자 동생들은 아빠의 눈치를 살피며 마지못해 나를 안았다. 정말로 웃긴 상황이지만 동생들과 안고 있으니 기분은 엄청 좋다. 이런 우리를 보며 엄마가 끝내 웃음을 터트리셨다. 그러더니 우리 셋을 꽈악, 끌어안으셨다.

"나도 끼워줘, 나는 뭐 우리 가족 아냐?"

아빠 역시 능청을 부리며 우리를 모두 안으셨다. 이렇게 우리 다섯 식구는 하나로 합체가 되었다.

가슴이 뭉클하다. 나는 이런 우리 집이 좋다. 사랑하는 엄마, 아빠 그리고 때론 밉기도 하지만 그래도 귀여운 내 동생들이 있어서 좋다.

소영이의 고민

　"소라야. 너 오늘 시험이라면서 빨리 일어나 학교 가야지."

　"아, 맞다. 오늘 시험이지!"

　나는 엄마 목소리에 깜짝 놀라 자리에서 벌떡 일어났다. 어젯밤에 되지도 않는 시험공부 한답시고 늦잠을 잤더니 머리가 띵하다.

　"얼른 씻고 밥 먹어."

　"나 밥 안 먹어. 시간 없어."

　나는 비몽사몽인 채 화장실로 향했다.

　"밥을 안 먹으면 어떻게 해. 계란 프라이라도 해줘?"

　"안 먹는다니까. 먹기 싫다고."

　나는 또 괜한 짜증을 부렸다.

"아이고, 맘대로 해라. 먹든지 말든지."

엄마는 내가 예민해진 걸 아셨는지 더는 말씀을 안 하신다.

대충 가방을 챙기고 학교로 향했다. 교실에는 애들이 벌써 와 있었다.

"얼~ 박소라, 어쩐 일로 오늘은 지각을 안 하고 일찍 왔냐? 너도 시험 때는 긴장을 하긴 하나보다?"

내가 채 자리에 앉기도 전에 명석이 녀석이 시비를 걸었다. 나는 못 들은 척 명석이의 말을 무시하고 어제 풀다 만 문제지를 꺼냈다.

명석이는 내가 자기 말을 무시하자 더이상 아무 말도 하지 않았다. 예전 같으면 계속해서 나한테 시비를 걸었을 텐데 명석이 자식이 변한 건 사실이다.

맨 앞자리에 소영이가 보였다. 역시나 소영이는 아이들이 떠들거나 말거나 시험공부 하느라 정신이 없었다. 그 모습을 보니 갑자기 문제지를 풀기가 싫어졌다.

"시험공부는 무슨, 공부는 소영이처럼 똑똑한 애들이나 하는 거지. 내가 이 아침에 문제지 좀 푼다고 무슨 올백이라도 맞겠냐?"

나는 문제지를 다시 가방에 밀어넣고 교실 밖으로 나왔다. 아직도 소영이와 화해하지 못하고 있기 때문에 학교에서 그 아이를 보면 마음이 조금 불편하다.

'쳇, 박소영. 잘났어 정말. 지가 먼저 사과해주면 어디가 덧나나? 꼭 뭐든지 이겨먹으려고만 하지. 이기적인 계집애.'

나는 소영이랑 전에 없던 자존심 싸움을 하느라 여태껏 말을 안 하고 있다. 근데 정말 마음이 불편해서 견딜 수가 없다. 난 선천적으로 오랫동안 남을 미워할 수 없는 성격인가보다.

'소영이 말이 맞긴 맞지 뭐. 예슬이가 나보다 얼굴도 예쁘고 무용도 더 잘하는 건 사실이잖아. 그리고 무용선생님께서도 우리 무용부는 예슬이가 살려준다고 늘 말씀 하셨는걸, 뭐. 시험 끝나면 그냥 내가 먼저 사과해야겠다. 착한 내가 져주는 거지.'

수업종이 울리고 1교시가 시작되었다.

1교시는 국어 시험. 국어는 내가 좀 자신 있는 과목이다. 그렇다고 국어 점수가 엄청 높은 건 아니다. 다른 과목에 비해선 그나마 낫다는 얘기다. 예상대로 국어 시험은 그다지 어렵진 않았다. 이번에도 80점 정도는 맞을 것 같다. 다행이다.

끝나는 종이 울리고 선생님께서 시험지를 걷어 나가시자마자 아이들의 아우성이 시작됐다. 문제가 어려웠느니 쉬웠느니. 그런데 소영이는 꿈쩍도 않고 앉아 있다. 다음 시험공부를 하나보다.

'아이고 독한 것. 화장실도 안 가나? 저런 애가 무슨 6학년이야, 고딩이지. 고3 입시생이 따로 없다니까. 근데 오늘 따라 소영이의 모습이 안쓰러워 보이는 건 왜지?'

오지랖 넓은 나는 또 남 걱정에 빠졌다. 그것도 올백 박소영을 말이다. 스스로 생각해도 어처구니가 없었다.

'정신 차려, 박소라. 누굴 걱정해? 자자, 본인 걱정이나 하서. 다음은 수학이거든?'

수학이야말로 걱정스러운 과목이다. 벼락차기를 한다고 머리에 들어오는 것도 아니고, 태어나길 수학에는 젬병인 나다. 대체 누가 수학을 만들었는지, 갑자기 짜증이 밀려왔다. 드디어 시험지가 내 앞에 놓였다.

내가 이럴 줄 알았다. 1번 문제부터 막히기 시작한다. 쉬운 문제부터 풀겠다고 시험지를 쭉 살펴보았지만 아는 문제가 별로 없다. 하기야 아직까지 구구단도 빨리빨리 외우지 못하는 주제에 수학 시험 잘 보기를 기대한다는 건 말이 안 되지. 나는 어쩔 수 없이 20문제 중 정확히 답을 아는 다섯 문제만 빼고는 모두 답을 찍었다. 너무 일찍 시험을 끝내고 나니 왠지 선생님 눈치가 보였다.

"제발, 50점만 넘어줘라. 제발."

나는 주문을 외우듯 혼잣말로 중얼거렸다. 지루한 수학 시험이 끝났다.

이어진 사회, 과학 시험은 그럭저럭. 이렇게 중간고사는 끝났다. 결과야 어떻게 되든 시험이 끝난다는 건 기쁜 일이었다.

나는 살짝 소영이의 안색을 살폈다. 왠지 소영이는 다른 때 같지 않게 표정이 굳어 있었다. 시험이 끝나면 더 자신만만해지는 소영인데 오늘은 너무 어둡다.

'시험을 망친 건가? 그럴 리가 없지. 소영이가 누군데. 아마 소영이가 못 푸는 문제가 있었다면 그건 선생님도 못 풀걸?'

궁금하고 걱정스런 마음을 애써 다독이며 나는 집으로 향했다. 시험도 끝났으니 이제 상쾌한 기분으로 좀 놀아봐야지, 그런 생각을 하며 걸어가는데 누군가 나를 불렀다.

"소라야, 시험 잘 봤니? 근데 너 요즘 왜 아줌마네 떡볶이 먹으러 안 오니? 혹시 마음 상한 거라도 있니?"

소영이 엄마다. 그동안 쭉 조심해서 피해 다녔는데 오늘 딱 걸렸다. 그런데 아줌마는 아직 아무것도 모르시는 모양이다.

우리가 싸운 걸 소영이가 뽀로로 고자질했을 거라고 생각했는데 아무 말도 안 했나보다.

"아? 아줌마. 제가 요즘 시험공부 때문에 바빠서요~."

너무 당황한 나머지, 나는 엉뚱한 거짓말을 해버렸다

'시험공부는 무슨……. 그게 나한테 어울리기나 하는 소리야?'

"아, 그렇구나. 그럼 소라는 시험 잘 봤겠네? 그나저나 우리 소영이는 시험 어떻게 봤다니?"

"모르겠어요. 당연 잘 봤겠죠, 뭐. 소영이가 시험을 못 보는 건 말이 안 되잖아요."

나는 슬그머니 집으로 발길을 재촉했다.

"언니, 시험 잘 봤어? 나는 잘 봤는데. 오늘 시험 엄청 쉽더라. 내 생각 엔 평균이 90은 넘을 것 같은데, 언니는?"

들어오자마자 솔희가 호들갑을 떨었다. 매일 환희랑 노는 줄만 알았는데 그래도 이번엔 시험공부 좀 나름 했나보다.

"말 시키지 마, 나 완전 망했으니까. 그 원수같은 수학 때문에, 정말 내가 미친다. 어떻게 아는 문제가 다섯 개밖에 없냐?"

"푸하하하하! 그럼 언니 이번에도 수학 50점 넘기 어렵겠네? 그러니까 언니도 무용만 하지 말고 공부 좀 해라, 공부 좀."

나보다 공부를 잘하는 솔희는 시험 때만 되면 자기가 무슨 부모라도 된 것처럼 의기양양 잔소리를 늘어놓는다. 그게 아니꼽기는 하지만 내가 생각해도 큰일이다. 이대로 중학교에 가면 곤란하다는 걸 누구보다 내가 잘 아니까. 더 늦기 전에 학원이라도 다니면서 뒤처진 수학 공부를 해야 할 텐데 나는 수학 아니, 공부 자체가 싫으니 그게 걱정이다. 그냥 무용만 하고 살 수는 없을까?

하지만 중학생이 되면 무용과도 작별이다. 내가 유일하게 좋아하고 잘할 수 있는 건데⋯⋯. 그 생각을 하니 다시 울적해졌다. 피터팬처럼 자라지 않고 무용만 하면서 살면 얼마나 좋을까?

밖으로 나와 농구장으로 갔다. 마음이 복잡할 때면 나는 언제나 그곳으로 간다. 거기는 내 집이고, 내 방이고, 내 연습실이니까. 하늘이 지붕인 아주 큰 내 아지트.

'어? 저기 소영이 아냐? 아직 집에도 가지 않았나 보네. 책가방이 있잖아?'

그네 옆 의자에 소영이가 홀로 앉아 있었다.

'가서 말을 걸까 말까. 먼저 말 걸면 내가 지는 건데⋯⋯.'

그래도 궁금하고 걱정이 되어 견딜 수가 없었다. 그래, 먼저 사과하는 사람이 큰사람이라고 엄마는 말씀하셨다. 그 말씀이 백번 맞다. 나는 조용히 다가가 숨을 한 번 들이쉰 다음 소영이를 불렀다.

"야, 박소영! 너 무슨 생각을 그렇게 깊이 하길래 내가 오는 것도 모르니?"

내가 태연하게 말을 해서인지 소영이는 조금 놀라는 것 같았다.

"어? 박소라! 너 여기 웬일이니? 아~ 무용 연습하러 왔구나."

"무용 연습은 무슨⋯⋯. 여기가 내 아지트잖냐. 그걸 아직도 몰랐어?"

내가 농담을 하는데도 소영이는 아무 반응이 없었다.

"소영아. 근데 너 오늘 시험 망쳤냐? 아님 무슨 고민 있어? 표정이 왜 그래?"

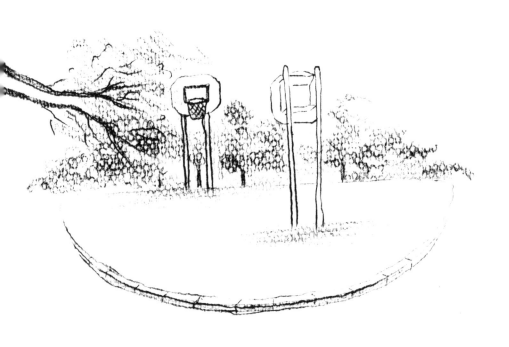

계속되는 내 물음에도 소영이는 고개만 저을 뿐 아무 말도 하지 않았다. 정말 이상한 일이다. 그렇게 활기차고 당당하던, 아니 너무 자신만만해서 재수없어 보이기까지 하던 소영이가 아닌가. 그런데 지난번 나와 다툰 일에도 아무 관심이 없는 듯했다. 나는 의기소침해 있는 소영이 곁에 앉으며 말했다.

"야, 박소영. 저번에 너한테 왕재수라고 말해서 미안해. 그냥 화가 나서 나도 모르게 너한테 욕을 했어. 화 풀어. 나 그동안 엄청 불편했어. 이해해주라. 내가 요즘 사춘긴지 그냥 짜증을 잘 내고 그래."

"아니, 난 그거 벌써 잊었는데. 그리고 내가 먼저 말을 심하게 했는걸,

뭐. 내가 괜히 너한테 질투가 나서 그랬나봐."

나를 질투하다니? 나는 소영이 말이 이해되지 않았다.

"그게 무슨 말이야? 질투가 나다니. 네가 말했던 것처럼 나는 잘하는 게 하나도 없어. 그건 나도 잘 알아. 너 설마 또 나를 놀리는 거니?"

하지만 소영이는 정색을 하고 말했다.

"아니, 솔직히 말하면 나는 언제나 박소라 네가 부러워. 너는 네가 하고 싶은 걸 하잖아. 그렇지만 난… 사실 난, 공부가 정말 힘들고 싫거든."

깜짝 놀랐다. 천하의 올백 박소영이 공부를 힘들어한다는 건 누구도 믿지 않을 말이었으니까.

"사실 난 그림 그리는 게 좋아. 어릴 때부터 그림 그리는 게 참 좋았어. 유치원 때 그림 그리기 대회에 나가서 상도 탔는걸."

"그러면 엄마 아빠한테 미술학원 보내달라고 하지? 너 지금 학원 몇 개나 다니잖아. 미술학원 하나 더 다닌다고 어떻게 되겠냐?"

"나라고 그 생각 안 해봤겠니……. 아빠가 안 된대. 아빠는 나한테 열심히 공부해서 여자 검사가 되라는 얘기만 하셔. 아니면 판사든지. 울 아빠가 법대를 나오셨는데 사법고시에 합격을 못하셨대. 그것 때문에 자신 감이 없어지셨는지 직장도 잘 구하지 못해서 엄마가 분식집을 하시게 된 거야. 그러니까 엄마까지 나서서 아빠의 꿈을 이뤄야 한다고 나를 다그 치시는 거지."

소영이가 그림 그리는 걸 좋아한다는 건 처음 듣는 이야기였다. 게다 가 공부를 힘들어했다니! 놀라서 아무 말도 못하고 있는 나에게 소영이가 다시 이야기를 건넸다.

"소라야, 내가 여기 앉아서 무슨 생각을 했는 줄 아니?"

"응? 무슨 생각?"

"내가 어디론가 사라졌으면 좋겠고 생각했다."

"뭐! 사라져? 왜? 시험을 못 본 거야?"

"아니, 꼭 시험 때문만은 아니고 난 정말 공부가 힘들어. 이제 더이상 엄마 아빠를 위해 올백을 맞을 자신도 없구. 근데 내가 꼭 검사가 될 거라고 믿고 있는 부모님을 보면 정말 미쳐버릴 것 같아. 그리고 너희들은 우리가 분식집을 하니깐 맛있는 거 많이 먹어서 좋겠다고 생각할지 몰라도 밤마다 끙끙 앓는 엄마를 보면 내가 얼마나 괴로운 줄 아니? 그렇게 힘들게 일해서 내 학원비를 대시는 건데 난 갈수록 공부에 자신이 없어지니 숨이 막혀 죽을 것만 같아."

소영이는 입술을 꾹 깨물었다. 애써 눈물을 참으려는 것 같았다.

"소영아, 네가 공부 때문에 힘들어하는 줄은 정말 몰랐어. 그리고 그런 괴로움이 있다는 건 아마 다른 누구도 상상 못할 거야."

"그래, 그렇겠지. 내가 원래 독종이잖니. 애들 앞에선 안 그런 척 했으니까 당연하지."

소영이가 너무 안쓰러웠다. 얼마 전부터 소영이 뒷모습이 유난히 쓸쓸하게 느껴졌던 것도 이런 고민들 때문이었나보다.

"소라야. 사실은 나 학원 갈 때, 네가 농구장에서 혼자 무용 연습 하는 걸 보면서 얼마나 널 부러워했는지 아니? 그런 내 마음 들키기 싫어서 너

한테 심통을 부렸는지도 몰라.”

　“정말? 난 공부 잘하는 네가 부러웠는데.”

　참 희한한 일이다. 소영이는 내가 부럽고 나는 소영이가 부럽고…….

　“근데 소라야, 너는 언제부터 무용했니?”

　무용을 시작한 때라……. 갑자기 가슴이 쿵쾅쿵쾅 뛰기 시작했다. 내가 무용을 시작하던 날을, 아니 무용을 처음 만나던 날을 나는 정확히 기억하고 있다. 아마 시간이 많이 흘러 내가 할머니가 된다고 해도 그날을 잊지 못할 것이다. 나는 마음을 가라앉히며 소영이에게 이야기를 들려주었다.

　“무용을 시작한 건 2학년 때였어. 하지만 내가 무용에 홀딱 반한 건 1학년 때야. 우연히 강당에서 언니들이 한복을 입고 무용 연습하는 걸

봤는데, 가슴이 막 뛰더라고. 무용하는 그 모습이 얼마나 아름다웠던지… 집에도 안 가고 한참 동안 정신을 놓은 채 보고 있었다니까."

"그런데 왜 2학년 때 시작했어? 바로 안 하고?"

"그게, 내가 무용한다고 했더니 엄마가 피아노나 열심히 치라는 거야. 피아노 선생님이 내가 피아노에 천부적인 소질이 있다고 하셨다나? 그래서 엄마는 내가 피아니스트로 성공할 수 있을지도 모른다고 생각하셨나봐. 그때 우리 엄마 정말 굉장했다? 근처에 피아노 학원도 많은데 굳이 나를 차에 태우고 멀리까지 가서 개인레슨을 시키셨다니깐? 훌륭한 선생님을 만나야 한다면서. 넌 상상이 안 되지? 우리 엄마가 그랬어."

"그랬구나. 근데 어떻게 피아노를 끊고 무용을 하게 된 거야? 정말 궁금하다 야~."

그때 일을 생각하니 갑자기 피식 웃음이 나왔다.

"소영아, 내가 어떻게 했는지 아니? 그때 일은 지금 내가 생각해도 믿어지지가 않아."

"왜? 어쨌는데?"

"내가 글쎄… 그때 우리 집에 피아노가 있었거든? 그런데 내가 피아노 앞에 떡 버티고 서서 눈물을 흘리며 엄마한테 말했지. '이 피아노만 보면 구역질이 나고 망치로 부수고 싶은 마음이 든다'고 말이야."

"뭐라고? 야, 천사표 박소라가 엄마한테 그렇게 대들었다니 상상이 안 된다."

눈이 동그래진 소영이가 머리를 가로저으며 말했다. 지금 생각해보면 나도 믿기지 않는 일이다. 그렇지만 그때는 정말 여러 번 피아노를 부수고 싶은 충동을 느꼈다. 무용을 하지 못하는 걸 그 피아노 때문이라고 생각했으니까.

"우리 엄마, 그날 무척 놀라셨지. 피아노 배우는 게 그렇게 싫으냐고 물으시길래, 내가 울면서 대답했어. 당장 그 피아노 버리라고, 그리고 무용 배우게 해달라고. 결국 내가 이겼어. 그래서 2학년 되자마자 바로 무용 시작한 거야."

그 일들이 아직도 내 머릿속에 생생한데 벌써 5년이 지나갔다. 그리고 그 사이 많은 게 변했다. 아빠의 사업, 우리 가족이 사는 집, 엄마의 인생, 내 생활과 성격까지⋯⋯. 잠시 혼자만의 생각에 빠져 있는데 소영이가 조심스럽게 물었다.

"그런데 소라야, 너희는 왜 이 동네로 이사를 온 거니? 혹시 집에 무슨 일이 있었어?"

"그래, 아빠가 하던 사업에 문제가 생겼어. 그 후로 모든 게 달라져버렸어. 살던 집도 비워주고, 내가 그토록 싫어하던 피아노는 자연스럽게 없어지고, 명랑하던 박소라는 점점 더 얌전한 아이로 변하고⋯⋯. 나만 그런 게 아니야. 우리 가족이 다 그래."

"그런 일이 있었구나. 그런데 우리는 아무도 그런 사정을 몰랐다."

"당연하지. 내가 아무한테도 이런 말을 안 했으니까."

조용히 이야기를 듣던 소영이가 내 어깨를 다독이며 위로했다.

"이야기를 듣고보니, 박소라 너 참 대단하다는 생각이 든다. 그런 일이 있었는데도 꿋꿋하게 무용을 하니깐 말이야."

글쎄, 내가 대단한 건지 무용이 대단한 건지……. 나는 소영이에게 내 마음을 털어놓았다.

"그동안 나한테 무용이 어떤 거였는지 아니? 나한테 무용은, 꿈이고 마술이고 감기약 같은 거였다? 고생하는 부모님을 보며 괴로울 때도, 공부를 못해서 내가 초라하게 느껴질 때도, 동생들과 다투고 난 뒤 속상할 때도 무용을 하면서 마음을 달랬으니까. 왜 그런지 모르지만 머릿속이 아무리 복잡하고 답답해도 땀 흘리며 무용을 하다보면 나는 뭐라고 표현할 수 없이 행복해져."

"아, 그러니까 카타르시스를 느끼는구나. 절대 기쁨, 도취 같은 거!"

역시 소영이는 똑똑한 아이다. 내 마음을 정확하게 이해하고, 그걸 아주 멋진 말로 표현해준다.

"그래, 뭐 그런 거야. 특히 무대에 올라 공연을 할 때는 온몸이 긴장과 두려움, 설렘과 기쁨으로 가득 차면서 내가 팽팽하게 부풀어오르는 느낌이 들어. 꿈속을 날아다니는 기분이랄까? 그 기분은 아마 느껴보지 않은 사람은 이해하기 힘들 거야."

소영이는 감동받은 표정으로 고개를 끄덕였다.

"그랬구나. 그래서 네가 사람들이 보든 말든 신경 쓰지 않고 무용 연습을 할 수 있었던 거구나. 그나저나 박소라, 정말 부럽다. 너는 네가 하고 싶은 걸 당당히 하고 사니까 말이야."

"아니야 소영아. 내가 아무리 무용을 좋아해도 더이상은 못 할 것 같

아. 너도 알다시피 우리 집 사정이 좀 그렇잖니. 우리가 가게 될 중학교에는 무용부도 없고. 무용을 계속 하려면 개인레슨을 받는 수밖에 없는데, 그게 가능하겠니. 엄마가 벌써부터 나한테 다짐을 받아놨어. 중학교 가기 전까지만 무용하는 걸로……."

"그래? 그럼 너 무용 그만하려고?"

"나도 모르겠어. 무용을 안 한다는 건 상상할 수도 없는데, 방법이 없다. 엄마 힘드신 거 다 알면서 개인레슨 시켜달라고 조를 수는 없잖아. 그 생각만 하면 나도 요즘 머리가 터질 것 같아."

이야기를 나누다보니 소영이와 나는 같은 고민을 하고 있었다. 왜 우리는 하고 싶은 것을 하면서 살 수 없는 걸까? 아직 우리는 초등학생인데, 벌써부터 너무 힘든 고민거리를 안고 사는 것 같다. 우리가 해결하기에는 너무 벅찬 고민들.

"그런데 소라야, 명석이가 너 좋아하는 거 알아?"

벤치에 떨어진 나뭇잎을 만지작거리며 소영이가 물었다.

"뭐? 명석이가 나를 좋아한다고? 말도 안 돼. 그 잘난 명석이가 왜 나 같은 애를 좋아해?"

"아냐, 저번에 너하고 다투던 날 너 먼저 집에 갔잖아. 그때 명석이가 나한테 분명히 말했어. 너 좋아한다구."

"장난이겠지. 아마 그냥 해본 소리일 거야."

"아니라니까. 그날 명석이가 네 편을 들어서 내가 수업 끝나고 따졌거든. 근데 명석이가 분명히 말하더라. 너 좋아한다구. 사실, 명석이가 얼마 전부터 너한테 자꾸 잘해주는 거 같아서 괜히 질투가 났었어. 그러니까… 난 명석이가 좋거든."

"어, 정말? 그래서 요즘 네가 명석이한테 더 신경질 부렸구나?"

"모르겠어. 요즘 나도 여러 가지가 복잡해. 왜 그런지, 내 마음 나도 모르겠어. 그냥 모든 게 그전 같지 않아."

"너나 나나, 정말 사춘긴가보다. 우리 엄마가 그러는데 사춘기에는 자기 마음이 맘대로 안 되고 모든 게 전과 다르대."

"그래서 그럴까? 아무튼 사춘긴지, 오춘긴지 빨리 지나갔으면 좋겠다.

너무 힘들어."

"그러게. 소영아! 우리 고민은 그냥 될 대로 되게 놔두고 떡볶이나 먹을래? 나 그동안 너희 집 떡볶이 엄청 먹고 싶었단 말야."

"그래? 그럼 그러지 뭐. 오늘은 내가 한턱 쏠게. 그 대신 오늘 여기에서 너랑 한 얘기 모두 다 비밀이다, 알았지?"

"당연하지. 이제 우리 같은 편이네?"

나는 소영이의 가방을 대신 메고 소영이네 분식집으로 향했다. 발걸음이 가볍다.

'진작 소영이하고 화해할걸. 그놈의 자존심 때문에 나만 힘들었잖아?'

괜히 며칠 동안 혼자 쩔쩔맨 것 같아 웃음이 나온다. 이제 떡볶이를 마음대로 먹을 수 있으니 얼마나 좋아? 그리고 비밀을 같이 한 친구도 생겼다.

행복하다. 조금 전이 복잡한 박소라는 어디로 숨은 걸까? 이랬다 저랬다, 슬펐다 행복했다, 내 마음 나도 모르는 사춘기는 소영이와 내 마음속에 있다. 아니, 나를 좋아해주는 명석이의 마음속에도 들어앉아 있겠지.

'명석이가 나를 좋아한다고? 우리 학교 훈남 명석이가? 후후후, 내 마음은? 비밀.'

기분 좋은 날

"자, 지난번 시험 결과가 오늘 나왔다. 성적표 나눠줄 테니 모두 부모님께 보여드리고 사인 받아와라. 안타깝게도 이번 중간고사에서는 우리 반에서 올백이 한 명도 나오지 않았다. 시험문제가 너무 어려웠나?"

선생님께선 소영이를 바라보며 말끝을 흐리셨다. 나는 내 점수보다 소영이가 더 궁금하다. 어떤 과목에서 백점을 못 받았는지 걱정되기까지 한다.

'아이구, 박소라. 너나 잘하셔. 네가 지금 소영이 올백 못 맞은 거 가슴 아파할 때야?'

제 앞가림도 못하면서 툭 하면 남 걱정이나 하는 내 모습이라니. 내가 생각해도 한심하다. 그런데, 신기하게도 수학 점수가 올랐다.

어떻게 문제를 푸는 것보다 답을 찍을 때 점수가 잘 나올 수 있는 건지 정말 이해가 안 된다. 50점만 넘기게 해달라고 간절히 기도를 해서 그런 가? 어쨌거나 기분은 좋다. 65점을 받고도 이렇게 좋아하는 아이는 아마 대한민국에 나밖에 없을 것이다. 수업을 마치고 집으로 오는데 명석이가 나를 불렀다.

"야, 박소라. 너 시험 잘 봤냐? 기분이 좋은 거 같은데?"

"무슨 상관이셔! 그런 넌 잘 봤냐?"

묻는 내가 바보다. 우리 반에선 소영이랑 명석이가 공부를 제일 잘하기 때문이다.

"어, 그냥 보통 때처럼 봤어."

"난, 엄청 잘 봤다. 이번에 수학 점수가 아주 많이 올랐거든."

"어, 그래? 그럼 90점 이상은 되겠네? 추카~추카~."

"엥? 그~~렇지 뭐."

나는 순간 당황하여 더이상 말을 못하고 얼버무렸다. 그런데 실실 웃는 명석이 얼굴을 보고 있자니 갑자기 짜증이 밀려왔다.

"으이구, 이 왕재수 밝은 돌! 너 잘난 거 세상이 다 아니까 공부 얘기는 이쯤 하고, 갈 길이나 가시지."

"갑자기 왜 짜증이냐 박소라? 조금 전에 수학 점수 올랐다고 자랑한 게 누군데. 어이없다?"

"어이없기는 나도 마찬가지거든? 그러니까 내일에 관심 좀 갖지 말아줄래? 관심, 됐거든?"

"어, 그래. 원하는 대로 해주지. 하여튼 계집애들 변덕은 알아줘야 한다니까."

명석이는 휙 하고 멀어졌다.

'쳇! 속 좁은 자식. 무슨 남자애가 저렇게 속이 좁냐? 계집애 같은 게 누군데.'

마음이 또 복잡해진다. 사실 명석이가 날 좋아한다는 얘기를 들은 후로 나도 왠지 명석이가 자꾸 신경 쓰인다. 뭔지 모르지만 그냥 명석이를 의식하게 되고 괜히 신경질을 부리는 것이다. 나도 명석이를 좋아하는 걸까?

투덜투덜, 집에 도착하니 솔이와 환희가 보이지 않았다.

'놀이터에 놀러 나갔나?'

동생들이 없어서 그런가? 오늘 따라 크지도 않은 집이 쓸쓸해 보였다. 나는 가방을 던져놓고 집 앞 놀이터로 향했다. 동생들은 그곳에 없었다.

'농구장으로 갔나?'

농구장으로 발길을 돌렸지만 아이들은 그곳에 없었다. 학교 운동장에도, 동네 문방구에도.

할 수 없이 터벅터벅 집으로 향했다. 예슬이처럼 나도 혼자였으면 좋겠다는 생각을 자주 하는데 막상 집에 동생들이 없으니까 이상하게 쓸쓸하고 마음이 허전하다.

이런저런 생각에 잠겨 아파트 현관문을 열었는데, 솔희와 환희가 떡볶이를 먹고 있는 모습이 보였다.

"야 박솔희, 박환희. 너희들 어디 갔다 온 거야. 찾으러 다녔잖아."

"환희가 배고프다고 해서 떡볶이 사주러 갔었는데, 왜?"

"떡볶이? 근데 왜 못 봤지? 분명히 문방구랑 농구장이랑 돌면서 분식집도 지나갔는데?"

"언니, 이리 와. 소영 언니네 아줌마가 우리 떡볶이 엄청 많이 주셨다. 내가 떡볶이 500원어치랑 600원짜리 문어바 한 개 달라고 했거든? 근데 1000원만 받으시고 떡볶이도 1000원어치가 넘게 주셨어. 정말 짱이지?"

솔희는 신이 나서 얼굴까지 벌겋게 달아올랐다.

"정말 짱이지? 누나도 먹어봐."

환희도 덩달아 신이 났다. 그러는 동생들이 너무 귀여웠다.

"환희! 누나 뽀뽀."

그런데 환희가 도리질을 친다.

"싫어."

"안 하면 알지? 슬러시 안 사준다."

슬러시란 말에 눈이 휘둥그레진 환희는 매운 떡볶이를 먹느라 호호거리던 입으로 나에게 뽀뽀를 한다. 귀여운 녀석.

"솔희야, 너 오늘 시험 점수 나왔지? 몇 점 맞았냐?"

"왜, 언니는 잘 나왔어?"

"어, 그냥 그전보다 조금 올랐어."

"그래? 나도 저번보다 평균 올랐는데. 언니, 엄마하고 아빠 기분 좋으시겠다, 그치?"

"엄청 좋아 하실걸?"

찍었든 풀었든 시험 점수가 오른다는 건 기분 좋은 일이다. 더구나 내가 시험 성적으로 부모님을 기쁘게 할 수 있다니……. 생각할수록 뿌듯하고 자랑스러웠다. 이때 환희가 똘망똘망 눈을 빛내며 물었다.

"누나, 나도 학교 가면 시험 봐?"

"당근이지. 근데 1학년 때는 별로 안 봐. 받아쓰기하고 국어, 수학 정도만 볼걸?"

"아냐, 언니. 2학기 때는 1학년들도 전과목 봐야 돼."

"그럼 나는 전부 백점 맞아야지."

"그래. 환희 너는 천재니까 아마 백점 맞고도 남을 거다. 못난 누나는 너만 믿는다. 제발 가문을 빛내다오, 동생아."

우리는 갑자기 웃음보가 터졌다. 빨리 엄마 아빠가 왔으면 좋겠다. 오늘 따라 부모님이 더 기다려진다.

"애들아, 엄마 왔다. 문 열어라. 아빠도 왔다."

엄마 아빠가 초인종을 누르며 장난을 치신다.

오늘은 엄마 수업이 일찍 끝나는 날이다. 일찍이라고 해봐야 밤 9시가 넘지만. 아빠랑 엄마는 함께 마트에 들르셨는지 우리가 좋아하는 치킨을 사오셨다. 마트는 밤에 식료품을 세일하기 때문에 가끔 엄마 아빠가 일찍 퇴근하실 때 오늘처럼 먹을 걸 사오신다. 언제는 족발, 언제는 치킨, 또 언제는 초밥 등등. 이런 날은 우리 가족이 외식하는 거나 마찬가지다.

"엄마. 오늘 우리 시험 점수 나왔는데 나랑 솔희랑 그전보다 점수 올랐어. 이것 봐."

나는 엄마랑 아빠가 씻기도 전에 얼른 성적표를 내보였다.

"아이구, 어쩐 일로 둘 다 점수가 올랐을까? 우리 딸들 이제 철이 좀 나시나?"

흐뭇해하시는 엄마 뒤에서 아빠가 한 술
더 뜨며 우쭐해하셨다.

"그거야, 애들이 나를 닮아서 머리가
좋은 거지. 이제부턴 정말 잘 할 거라니
까, 그치?"

우리 엄마 아빠, 소박하기도 하시지. 두 분은 우리가
몇 점을 맞았느냐가 아니라 지난번보다 성적이 나아졌다는 사실만 중요
한 모양이다.

"엄마, 엄마! 나는 학교 가면 전부 백점 맞아다 줄게, 응?"

"그래. 우리 아들은 당연히 백점이지. 원래 환희는 천재잖아."

또 끼어드는 환희에게 엄마는 맞장구를 쳐주셨다. 부모님을 기쁘게 한
다는 건 어쩌면 쉬운 일인지도 모른다. 시험 점수 몇 점만 올려도 저렇듯
좋아하시니 말이다.

행복해하시는 부모님께 수학을 찍었다는 말은 끝까지 비밀로 할 것이
다. 대신 다음번엔 정말 열심히 공부해서 수학 점수를 진짜 실력으로 올
려봐야겠다.

오늘 따라 치킨이 더 맛있다. 평소엔 퍽퍽했던 살코기도 오늘은 아주
부드럽다.

마음이 아픈 예슬이

무용 연습에 예슬이가 빠졌다. 정말 별일이다.

"오늘 예슬이 학교에 오지 않은 거니, 아니면 무용 연습만 안 나온 거니? 오늘 예슬이 본 사람 없어?"

우리는 서로 얼굴만 멀뚱히 바라볼 뿐 아무도 무용선생님 물음에 대답을 하지 못했다.

"너희들은 어쩜 그렇게 같은 무용부 친구한테 관심이 없어? 이제 대회 끝났다고 서로 신경도 안 쓰는 거야?"

무용선생님이 화를 내시는 것도 당연하다. 우리는 몇 년씩 무용을 같이 하면서도 친구들끼리 별 관심이 없다. 특히 예슬이한텐 질투하고 미워나 했지, 전혀 무관심했던 게 사실이다.

"네, 어머니. 예슬이가 안 와서요. 무슨 일 있는 거예요?"

선생님께서 예슬이 엄마와 통화중이시다.

"예, 예⋯ 아, 예. 알겠습니다. 안녕히 계세요."

전화를 끊으시는 선생님의 표정이 별로 좋지 않았다.

"선생님, 예슬이 오늘 학교에 안 왔대요? 무슨 일 있대요?"

수경이가 선생님 통화가 끝나길 기다렸다는 듯 얼른 말을 꺼냈지만 선생님은 대답 대신 우리를 살짝 흘겨보며 말씀하셨다.

"너희들은 알 것 없고, 얼른 올라가. 몸 풀게."

"아이, 왜요. 선생님 궁금하단 말예요."

정화가 선생님을 다시 보챘다.

"알 것 없다니까. 그리고 너희들, 친구들끼리 좀 다정하게 지내면 안되니? 하여튼 인정머리들 하고는⋯⋯."

선생님께서는 이렇게 말끝을 흐리실 뿐이었다.

나는 정말 궁금해서 견딜 수가 없었다. 그래서인지 오늘 따라 연습 시간이 유난히 길게 느껴졌다. 음악 소리도 잘 들리지 않았다. 건성건성 무용 연습을 끝냈다. 선생님이 나가시기 무섭게 내가 수경이에게 물었다.

"야, 예슬이 무슨 일이냐? 걔 지금까지 무용 빠진 적 한 번도 없잖아, 그치? 어디 아픈가?"

그런데 수경이가 발끈하며 내 말을 받았다.

"아프면 선생님께서 말씀하셨겠지. 아프든 말든 무슨 상관이야. 맨날 잘난 척만 하더니 고소하다."

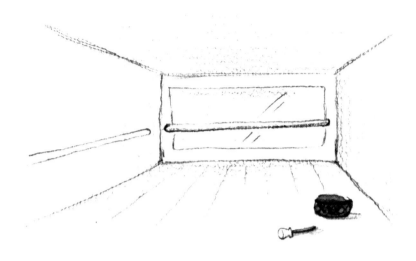

"그래도 수경이 너, 말을 너무 심하게 하는 거 아냐? 무슨 안 좋은 일이라도 있으면 어쩌려고."

소심한 수민이가 수경이의 말에 반발을 하자 이번에는 깍쟁이 정화가 살차게 한마디 했다.

"야, 됐고. 우리는 관심 없으니깐 착한 너희들 둘이 잘해보셔. 정 궁금하면 가보든지."

아이들이 하나 둘 빠져나간 강당에 어느새 나 혼자만 남았다. 인정머리 없는 것들. 하긴 나도 지금까지 예슬이한테 관심 없었으면서 애들만 욕할 건 아니다. 오늘은 강당에 혼자 있어도 별로 춤을 줄 기분이 나지 않았다.

이상하다. 그렇게 미워하고 질투하던 예슬이가 없으니 무용할 맛이 안 난다. 예슬이가 없으면 더 열심히 무용 연습을 해야 하는 거 아닌가? 영문을 모르겠다.

가방을 둘러메고 학교 밖으로 나왔다. 시험을 망친 날보다도 더 발걸음이 무거웠다. 무슨 일일까? 아픈 게 아니면 도대체 무슨 일이길래 학교, 아니 무용 연습까지 빠졌을까? 예슬이가 무용에 빠진다는 건 상상할 수 없는 일이었는데…….

망설이던 나는 무용 선생님께 전화를 했다.

"선생님 저 소란데요, 죄송하지만 예슬이 전화번호 좀 알려주세요."

"너희들 지금까지 예슬이 전화번호도 모르니? 정마알."

어이가 없다는 듯 우리를 책망하시던 선생님이 예슬이네 집 전화번호를 불러주셨다. 나는 곧장 전화를 걸었다.

"안녕하세요, 예슬이네 집이죠? 저는 무용부 박소란데요……."

"어, 소라구나. 예슬이 걱정돼서 전화했구나. 잠깐만, 예슬이가 전화를 받으려나 모르겠다."

더듬거리며 내가 인사를 하자 예슬이 엄마가 반가운 목소리로 말씀을 하셨다. 그런데 아줌마 목소리에 힘이 없다. 전화기를 들고 예슬이 방으로 가시는 모양인지 잠시 침묵이 흐르고 난 뒤, 아줌마의 조심스러운 목소리가 들렸다.

"예슬아, 소란데 전화 받을래?"

"여보세요."

수화기 너머로 들려오는 예슬이 목소리에도 힘이 없다. 마치 낯선 사람처럼.

"응, 예슬아. 나 소란데 너 어디 많이 아픈 거니? 무용 연습도 안 나오고, 목소리가 좀……."

"아니, 괜찮아. 그냥 좀 피곤해서."

"피곤해서 학교를 안 온 거야?"

"아니…, 그건 아니고."

예슬이에게 뭔가 힘든 일이 있는 것 같았지만 더 물어볼 엄두가 나지 않았다. 그래서 나는 서둘러 전화를 끊으려 했다. 그때 예슬이가 수화기 너머로 나를 불렀다.

"근데 소라야, 너 혹시 지금 우리 집에 와줄 수 있니?"

"응? 지금?"

"응. 아니, 바쁘면 안 와도 되고. 학원 가야 돼?"

"아니. 나 학원 다니는 데 없어. 그냥 갑자기 네가 집에 오라니까 놀라서. 너 집에 누구 데려가는 거 싫어하잖아."

"너는 괜찮아. 너하고 얘기하고 싶어서 그래."

나는 예슬이 부탁을 뿌리칠 수 없었다. 아니, 그보다 예슬이네 집에 가보고 싶은 마음이 컸다.

예슬이네는 우리 아파트에서 얼마 떨어지지 않은 곳에 있었다. 하지만 여러 가지로 우리에게는 멀게 느껴지는 그런 동네다. 도로를 사이에 두고 전혀 다른 모습으로 서 있는 두 아파트 단지를 친구들끼리는 강남과

강북이라고 불렀다.

　말하자면 강남에 해당하는 예슬이네 아파트 단지는 평수가 큰 고급 아파트촌이다. 반면 우리가 사는 곳은 평수가 작은 임대 아파트 단지다. 이 조그만 동네에서도 아파트에 따라 사람들이 구분된다. 아니, 아파트가 사람을 구분하는 것이 아니라 사람들의 마음이 선을 만드는 것 같다.

　몇 년 전 이곳으로 이사오기 전까지는 나도 이런 일에 대해선 까맣게 몰랐다. TV에서 가끔 임대 아파트와 고급아파트 간에 담을 쌓는다는 뉴스를 봤을 때도 실감하지 못했는데, 지금은 내가 그 선 안에서 살고 있다.

　친구들과 어울릴 때도 나는 무의식중에 사는 곳에 신경을 쓴다. 어느새 나 스스로가 그 선을 만드는 것이다. 처음 이곳으로 이사 왔을 때 부모님은 조금만 참고 기다리면 예전에 살던 곳으로 돌아갈 거라고 우리에게 말씀하셨다. 하지만 지금은 언제 옛날 집으로 돌아가냐고 우리가 물을 때마다 두 분 다 난처한 표정만 지을 뿐 확실한 대답을 못하신다. 사는 게 점점 어려워지는 걸까?

가끔씩 예전 집에서 우리 가족이 오순도순 사는 꿈을 꾸곤 한다. 어릴 때부터 개를 좋아해서 웬만한 명견은 다 길러보셨다는 아빠. 그 덕에 나는 아주 어릴 때부터 마크, 하니, 진돌이, 진순이, 삐삐 등 여러 마리 개와 뛰어놀았다. 그중에서도 독일 히틀러를 경호하던 품종이라는 마크와 하니는 우리 가족 모두가 엄청 아끼고 자랑스러워했다. 우리가 이곳으로 이사 오면서 그 녀석들을 하늘 목장에 맡기던 날, 아빠는 끝내 눈물을 훔

치셨다.

그 뒤로 우리는 개를 기르지 않는다. 아니, 애완동물은 아무것도 기르지 않는다. 가끔 친구들이 햄스터를 자랑할 때면 나도 한번 길러보고 싶지만 부모님을 조를 수가 없다. 내가 애완동물을 기른다고 보채면 엄마 아빠가 옛날에 기르던 개들과 그 집을 떠올리며 마음 아파할까봐. 대신 나는 꿈속에서 그리운 마크와 하니를 만나곤 한다. 꿈에서는 아빠도 그 녀석들을 쓰다듬으며 행복해하신다.

예슬이네 아파트는 입구부터 버튼을 눌러야 한다. 내 얼굴을 확인했는지 입구 문은 바로 열렸다. 엘리베이터를 타고 올라가 초인종을 누르자 예슬이가 현관문을 열었다. 나를 기다렸나보다. 그런데 예슬이 얼굴은 멀쩡하다. 전혀 아픈 것 같지 않다.

"얼른 들어와. 그래도 금방 왔네. 덥지?"

거실 쪽으로 가니 예슬이 엄마가 웃으면서 나를 맞으셨다.

"그래 어서 와라, 소라야. 아줌마가 금방 시원한 거 가져다 줄 테니 예슬이 방으로 들어가 있어."

언제나 교양 있고 포근한 말투. 꼭 우리 엄마 같다.

예슬이네 집은 정말 넓었다. 우리 집의 다섯 배도 넘는 것 같았다. 작은 집에서 몇 년을 살다보니 큰 집이 낯설게 느껴졌다.

곳곳에 눈에 익은 그림들이 걸려 있는 거실을 지나 예슬이 방으로 향하는데, 낯익은 사람이 찍힌 사진 하나가 방 입구 벽면에 걸려 있었다.

자세히 보니 예슬이 엄마였다. 하얀 한복 차림에 하얀 천을 들고 춤을 추는 젊은 시절 아줌마의 모습.

"어? 예슬아, 이 사진 너희 엄마 맞지? 그치?"

"응. 우리 엄마 맞아. 우리 엄마가 원래 대학에서 한국무용을 하셨거든. 그건 엄마가 '살풀이춤'을 추시는 사진이야."

"그~래, 어쩐지 예쁘시더라. 근데 예슬아, 너 어디 아픈 거 아니었어? 멀쩡해 보여서."

나는 방문을 닫으며 말했다.

"나 안 아프다니까! 그냥 아침에 아빠랑 좀 다퉜는데, 아니 다툰 게 아니고 혼난 거지만… 짜증나서 울다가 학교에 안 갔어."

예슬이는 귀여운 곰돌이가 그려져 있는 분홍색 침대 위에 아무렇게나 몸을 던지며 말했다. 내가 정말 갖고 싶은 침대와 가구, 인형들이 예슬이 방에 가지런히 정돈되어 있었다. 나는 애써 부러움을 숨기고 예슬이 옆에 슬며시 앉았다.

"아빠한테? 왜? 너희 엄마 아빠는 너한테 엄청 잘해주시잖아."

난 예슬이가, 그 공주 같은 예슬이가 아빠한테 혼났다는 게 믿어지지 않았다. 그때 노크 소리와 함께 예슬이 엄마의 목소리가 들렸다.

"예슬아 엄마야. 주스랑 과일 가져왔는데……."

"들어와 엄마."

예슬이 엄마는 미소 띤 얼굴로 과일과 주스를 책상에 올려놓고는 밖으로 나가셨다. 언제 봐도 우아하시다. 접시에는 여러 종류의 과일이 예쁘

게 올려졌고 커다란 컵에는 막 내린 생과일 주스가 얼음과 함께 담겨 있었다. 예슬이는 과일 쟁반을 침대 위로 가져오며 잠시 끊어졌던 이야기를 이어나갔다.

"우리 집 분위기가 좀 그래. 우리 아빠 명문대 출신인 거는 너도 알잖아. 그래서인지 은근히 공부 못하는 사람들을 무시하는 데가 있어. 그리고, 우리 집에선 아빠 말이 법이야. 엄마나 내가 아빠한테 말대꾸라도 하면 당장 그 자리에서 난리가 나지. 정말 웃기는 일 아니니?"

퉁명스럽게 내뱉는 예슬이의 말투에는 불만이 가득했다. 하지만 나는 예슬이 아빠의 모습이 잘 상상되지 않았다. 한 번도 우리 아빠한테서 그런 모습을 보지 못했기 때문인 것 같다.

갑자기 아빠의, 그 실없는 웃음이 떠올랐다. 우리 아빠의 딸인 게 참 다행이라는 생각도 들었다. 우아한 예슬이 엄마가 가엾게 느껴지기도 했다.

"그런데 너 얼마나 심하게 혼났길래 학교에도 안 온 거야?"

나는 예슬이의 기분을 살피며 물었다.

"그게 오늘 아침에 내가 아빠한테 말대답을 했거든. 다른 때 같지 않고 요즘 내가 좀 예민해. 근데 아빠가 내 시험 성적을 가지고 혼내시는 거야. 그러더니 갑자기 엄마한테 막 화를 내시면서 내가 공부 못하는 게 엄마 탓이라는 둥, 집에서 놀며 애 하나도 관리 못하고 뭐 하냐는 둥, 엄마를 막 무시하더라구. 내가 엄마 닮아서 공부도 못하고 아무 짝에도 쓸모

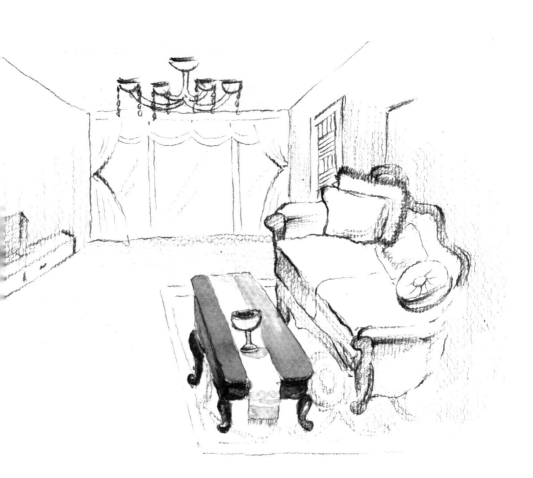

없는 춤만 춘다나? 우리 아빠지만 정말 재수없더라. 그래서 내가 아빠한
테 한 마디 했지. 왜 엄마한테만 뭐라 하냐고. 그랬더니 아빠가 버릇없이
대든다고 막 화를 내더니만 골프공을 집어던져서 엄마가 아끼는 도자기
를 깨버렸지 뭐니. 얼마나 아빠가 밉던지……. 엄마는 씩씩거리는 나를
안고 울기만 하고. 그러는 엄마가 불쌍해서 눈이 퉁퉁 붓도록 함께 울다
보니 학교에 갈수가 없었어."

예슬이는 아직도 억울한지 눈물을 뚝뚝 흘렸다.

그런 예슬이에게 어떤 말이라도 건네야 할 텐데 나는 아무 말도 할 수
가 없었다. 내가 지금까지 공주로만 여기며 부러워해온 예슬이. 모든 것
을 다 가진 행복한 아이라 생각해온 예슬이가 지금 내 앞에서 울고 있다.
슬프고 아픈 마음을 나에게 고스란히 드러내 보이면서. 나는 그저 고개
만 끄덕이며 울고 있는 예슬이를 바라볼 뿐이었다.

잠시 후 예슬이는 눈물을 쓰윽 훔치더니 도도한 표정으로 말했다.

"소라야. 사실 나 엄마 때문에 무용한 건 맞아. 그리고 엄마한테 물려
받은 재능 덕분에 다른 아이들보다 조금 앞서갈 수도 있었지. 그런데 소
라야, 가끔 난 네가 참 부럽더라. 너는 정말 무용을 좋아하는 게 눈에 보
여. 난 무용이 좋다기보다 지금까지 나 하나만 보고 희생하는 엄마 때문
에 열심히 한 거거든. 엄마 꿈을 이뤄주려고……. 우리 엄마 대학 때 엄
청 유능한 무용수였대. 근데 아빠랑 결혼하면서 아빠 반대 때문에 무용
을 포기했다는 거지. 엄마가 나를 죽어라고 뒷바라지하시는 건, 그러니
까 젊은 시절에 포기해버린 엄마 꿈을 그렇게라도 대신 이루고 싶은 소

망 때문이야."

"근데 예슬아, 나는 이해가 안 간다. 아빠가 왜 반대하신 건데? 무용하는 게 어때서?"

"내 말이……. 자기가 하고 싶으면 할 수 있는 건데 울 아빠는 뭐라는 줄 아니? 여자는 결혼하면 남편 뒷바라지하고 애들이나 잘 키우면 된대. 그러면서 엄마가 아무 일도 못하게 한다니깐. 심지어 친구들도 못 만나게 하셔. 무용하는 친구들 자꾸 만나면 괜히 바람 든다나?"

예슬이 목소리엔 불만과 짜증이 가득하다. 하긴 내가 생각해도 예슬이 아빠는 이해가 안 된다. 무용이 얼마나 좋은데, 도대체 어떤 근거로 무용을 우습게 보시는 걸까.

"예슬아, 그러면 너희 엄마는 결혼하고 나서 지금까지 무용을 한 번도 안 하신 거야?"

"당근이지. 내가 말했잖아, 우리 아빠 재수없다고. 몇 년 전에 엄마랑 아빠랑 무용 때문에 다투신 적이 있는데 그날 우리 집 살림 다 부서졌다? 지금도 그때 일이 생생해. 그렇게 심하게 다툰 후론 아빠가 어떤 말을 해도 엄마가 다 참으셔. 그리고 아빠한테 하나부터 열까지 다 맞추신다니깐. 나 때문인 거 같아. 잘못하면 내가 무용하는 것까지 잘못될까봐."

"어, 정말? 심하시다."

"우리 엄마 정말 불쌍하지? 그나마 내가 무용하는 걸 보러 따라다니는 게 우리 엄마 유일한 낙이야. 그걸 아니까 열심히 할 수밖에 없었어."

예슬이는 또 떨어지는 눈물을 얼른 훔쳐냈다.

"그래? 그럼 넌 지금까지 그런 것처럼 앞으로도 열심히 무용하면 되는 거잖아."

내가 조심스레 말을 건네자 예슬이는 한참을 망설이다 입을 열었다.

"근데 소라야, 나도 모르겠어. 사실은 요즘 부쩍 내가 평생 춤을 추며 살 수 있을까 하는 생각이 자꾸 들어. 엄마는 벌써 내가 중학교에 가서 할 개인레슨을 생각하고 있나봐. 근데 난 잘 모르겠어."

우리는 정반대의 고민을 안은 채 힘겨워하고 있었다. 예슬이는 중학교에 가서도 무용을 해야 하는 것이 고민이고, 나는 중학교에 가면 무용을 포기해야 하는 것이 고민이니 말이다. 그리고 나는 예슬이를 부러워하고, 예슬이는 나를 부러워하고 있었다. 사는 게 왜 이렇게 우리 뜻처럼 되지 않고 복잡한 건지, 원······.

잠시 후 나는 예슬이에게 다시 물었다.

"예슬아. 그러니까 무용을 안 하고 싶은 거니?"

"그래, 이젠 그만 하고 싶어. 엄마를 위해 끝까지 할 자신이 없어."

"그럼 엄마한테 말해보지."

"해봤어. 근데 엄마는 포기가 안 된대. 그러면서 조금만 더 해보고 결정하면 안 되냐고 하셔."

"그렇구나. 근데 넌 무용 안 하면 뭘 하고 싶은데."

"나? 모르겠어. 무엇을 할지 한 번도 생각을 안 해봐서. 근데 무용은 더이상 하기 싫어. 확실한 건 그것뿐이야."

무용을 할 수 있는데 하기 싫어하는 예슬이가 나는 너무 부럽고 얄밉

기까지 했다. 내가 예슬이 대신 무용을 할 수만 있다면 얼마나 좋을까!

"예슬아, 그래도 난 네가 부럽다. 넌 돈 때문에 무용을 포기해야 하는 건 아니잖아. 네가 하기 싫은 거지."

"그런가? 오늘 너무 내 입장에서만 얘기한 것 같아. 미안해. 그래도 이렇게 털어놓고 나니까 속이 시원하다. 말은 안 했지만 난 전부터 소라 네가 좋았어. 너는 날 싫어했겠지만."

"아냐. 싫어했다기보다 내가 좀 질투를… 아무튼 너무 고민하지 마. 내일은 학교 올 거지?"

"그럼, 내일은 가야지. 아직 중학교 갈 때까지 시간이 남았으니까 그때까진 무용 열심히 할 거야."

"그래. 근데 예슬아, 나 너희 집 무용연습실 한 번만 보고 가면 안 돼? 정말 궁금했거든."

"안 되긴 왜 안 되니? 우린 이제 고민을 같이 털어놓는 사인데. 우리 친구 된 거 맞지? 아니면 안 보여준다. 히히히."

어느새 예슬이가 웃고 있었다. 예슬이는 나를 데리고 방에서 나오더니 현관 앞 첫 번째 방문을 열었다.

"우와! 굉장한데. 정말 무용실이네."

감탄사가 절로 나왔다. TV에서 보던 그런 무용실이 내 눈 앞에 펼쳐졌다. 벽면 한 쪽은 모두 거울로 도배되어 있고 옆쪽에는 몸을 풀기 위한 봉이 설치된, 완벽한 무용실. 또 엄마가 쓰시던 것인지 북, 장고까지 한 쪽에 가

지런히 놓여 있고, 붙박이장을 열자 예슬이와 예슬이 엄마가 입던 한국
무용 의상과 소품들이 화려하게 진열되어 있었다. 여기가 내 방이라면…
아~~. 입술 사이로 비어져 나오는 한숨을 나는 참을 수가 없었다.

집으로 돌아오는 길, 마음이 복잡해졌다. 언젠가 엄마가 들려주신 이
야기가 생각났다. 눈에 보이는 것이 전부는 아니라고, 그렇기에 섣불리
누군가를 판단하거나 미워해서는 안 되는 거라고.

예슬이와 처음으로 긴 대화를 나눈 날, 지금까지 내가 상상해온 동화
속 예슬이는 없었다. 대신 엄마 아빠의 말다툼에 상처받고, 엄마 때문에
하기 싫은 무용을 포기하지 못해 눈물 흘리는 내 친구 예슬이가 있을 뿐
이었다.

그렇게 생각해보면 좁디좁은 임대 아파트에 살면서 내가 느껴온 위축
감도 별 것 아닐지 모른다. 그 작은 집에서 아옹다옹 지내는 동안 나는 엄
마의 품이 얼마나 따뜻한지를 알게 되었으니까, 마냥 착하기만 하신 줄
로 알았던 아빠가 가족을 지키기 위해 얼마나 강해질 수 있는지를 깨달
았으니까, 내 동생들이 얼마나 사랑스러운 녀석들인지 확인할 수 있었으
니까……

발걸음이 빨라졌다. 얼른 집에 가고 싶다. 좁고 초라하지만 사랑하는
우리 다섯 식구를 포근하게 받아주는 그곳으로.

왜 자꾸 눈물이 나지?

날씨가 갑자기 쌀쌀해졌다.

시간은 참 빨리도 간다. 농구장에 핀 진분홍 철쭉꽃에 정신을 빼앗겼던 게 엊그제 같은데, 벌써 여기저기 낙엽들이 뒹군다. 이제 곧 겨울이 온다. 그러면 나는 중학생이 되고 무용과도 작별을 해야 한다.

그런데 난 아직도 무용과 작별할 준비가 되지 않았다. 정말 무용을 못하게 될까? 그 생각을 할 때마다 울적해지지만 한편으로는 그 사실이 믿기지 않는다. 엄마 아빠께 떼를 써볼까? 아니야. 그러면 부모님이 너무 괴로워하실 거야. 그럼 어떡하지? 여기저기 떠밀려 뒹구는 나뭇잎들처럼 내 마음도 왔다갔다, 모든 게 꿈처럼 어렴풋하기만 하다.

다른 친구들은 지금까지 아무 말이 없는 걸 보니 모두 무용학원에 가기로 했나보다. 예슬이도 그날 이후 별 말 없이 연습에 나오는 걸로 봐서 계속 무용을 하기로 마음먹은 것 같다. 예슬이가 부럽다. 수경이도, 정화도, 성경이도, 수민이도 모두 부럽다. 결국 나만 무용을 못 하게 되는 거네? 갑자기 눈물이 핑 돌았다. 이 세상에 나만 외톨이가 된 기분······.

그러다 징징 짜는 나 자신의 모습에 자존심이 상했다.

'아이, 모르겠다. 될 대로 되라지.'

벌떡 일어나 집으로 걸음을 옮겼다. 잠을 자기 위해서다. 나는 마음이 복잡할 때마다 잠을 자는 버릇이 있다. 한숨 푹 자고 나면 고민들이 말끔히 사라진다.

집에 도착한 나는 이불을 뒤집어쓰고 잠을 청했다. 동생들이 떠들든 말든 잠을 자려고 애썼다. 그런데 어찌된 일인지 그럴수록 더 잠은 안 오고 머리만 아파왔다. 그러더니 눈까지 슬슬 아파오는 게 아닌가.

"우이씨! 정말 짜증나."

나도 모르게 이불을 발로 차고 벌떡 일어났다. 놀란 토끼눈으로 나를 바라보는 동생들을 뒤로 하고 다시 밖으로 나왔다.

그렇게 집을 나섰는데 딱히 갈 데가 없다. 학교 쪽으로 걷다보니 공중전화가 눈에 들어왔다. 갑자기 예슬이에게 전화가 하고 싶어졌다. 얼마 전 예슬이의 고민을 듣고 난 후부터 나는 예슬이를 더이상 질투하지 않게 되었다. 그보다는 예슬이가 안됐다는 생각이 들었다. 그래서인지 마음이 복잡해지자 예슬이 얼굴이 제일 먼저 떠오른다.

수화기를 들었는데 주머니에 동전 한 개도 없다. 그래도 예슬이와 통화를 하고 싶은 마음에 나는 수신자 부담으로 전화를 걸었다.

"상대방 번호와 우물정자를 누르세요."

"여보세요. 저 소란데요."

"상대방에게 통화의사를 묻고 있습니다. 연결되었습니다."

"여보세요. 그래, 소라야. 예슬이 바꿔줄까?"

친절한 예슬이 엄마 목소리가 들렸다.

"네, 아줌마. 예슬이 좀 바꿔주세요."

"그래. 잠깐만 기다려."

아줌마 목소리는 언제 들어도 기분이 좋다.

"여보세요. 소라니? 나 예슬인데 너 어쩐 일이야? 네가 먼저 전화를 다하고."

"응, 그냥. 머릿속에 지진이 나서 나왔는데 갈 데가 없어서, 너나 만날까 하고. 지금 만날 수 있니?"

"응. 특별한 일은 없는데, 엄마한테 물어볼게. 아마 갔다 오라고 하실 거야. 무용반 애들 만나는 건 엄마도 좋아하시잖니? 특히 너 만나는 건데."

"그래? 그럼. 학교운동장으로 올래?"

"아니! 그러지 말고… 소라 너 기분도 그렇다는데, 오랜만에 우리 피자집 갈래? 가서 피자랑 샐러드나 실컷 먹자, 응? 내가 살게."

"먹고 싶긴 한데 너무 비싸서. 괜히 미안하잖아."

"괜찮아. 나도 먹고 싶어서 그래. 지금 바로 갈 테니까 거기서 만나자. 알았지?"

나는 '에라 모르겠다, 그냥 먹고 보자.' 하는 마음으로 수화기를 내려놓자마자 피자집으로 뛰어갔다.

평일이라 그런지 사람들이 많지는 않았다. 전에 예슬이 생일날 왔을 때는 주말이어선지 앉을 자리가 없을 만큼 사람이 많았었다. 사실 나로서는 몇 년 만에 가본 피자 집인데, 사람들이 그렇게 많은 걸 보고 무척 놀랐었다. 아빠가 사업에 실패하신 후로 우리는 비싼 외식을 한 적이 거의 없었다. 그냥 집에서 한 판 더 주는, 아니면 치킨하고 같이 나오는 싼 파자들만 시켜 먹었을 뿐이다. 그런데 예슬이 생일날 우리는 아니 나는,

이 집에서 제일 비싼 피자랑 스파게티, 샐러드를 정말 엄청나게 먹었다. 어찌나 맛있던지! 결국 그날 밤 나는 몇 번이나 화장실을 들락거려야 했다. 그래도 그 맛은 지금까지 잊을 수 없다. 그날 남은 피자를 포장해서 집에 들고 갔던 것도, 동생들이 그 피자를 맛있게 먹던 모습도…….

"야. 박소라! 근데 어쩐 일이냐, 네가 날 다 찾고?"

이런 저런 생각에 빠져 있는데 예슬이가 도착했다. 몇 분 지나지도 않았는데 이렇게 빨리 온 걸 보니 엄마가 차로 태워다 주셨나보다.

"응, 그냥 마음이 좀 심란해서. 근데 여기 너무 비싼 거 아냐? 저번 생일날도 돈 엄청 많이 나왔던 거 같은데."

"아냐. 엄마가 너 만난다니까 좋아하시더라. 돈도 많이 주셨어. 그리고 나 태워다주고 지금 가셨는데 이따 전화하면 다시 오신대. 그러니까 신경 끄고 너 먹고 싶은 거 잔뜩 시켜."

"그래? 아무튼 고마워, 이렇게 나와줘서. 그리고 나는 아무 거나 잘 먹으니까 예슬이 네가 알아서 시켜."

"그래 그럼, 우리 피자 작은 거랑 샐러드 바 시키자."

나는 오늘만큼은 동생들, 부모님 생각하지 않고 편하게 먹기로 마음먹었다.

잠시 뒤 치즈가 먹음직스럽게 잔뜩 늘어진 피자가 나왔다. 따끈한 피자 한 조각을 얼른 입에 넣었다. 그런데 이상하게 이 맛있는 피자, 샐러드가 입에 당기지 않는 것이었다. 그냥 뻣뻣한 빵쪼가리 같았다. 신선한 샐러드조차 당기지 않았다. 참 이상한 일이었다.

"야, 박소라. 내 생일날 하도 잘 먹길래 일부러 여기로 왔는데 오늘은 왜 그렇게 먹는 게 별로냐? 왜 그래, 응?"

"모르겠어. 나도 모르겠어. 날이 추워서 그런가?"

"너 무슨 고민 있니? 왜 그렇게 힘이 없어. 그리고 아까 머리에서 지진이 나서 나왔다며? 무슨 일이야? 전에 나도 너한테 고민 털어놨으니까 너도 말해봐."

예슬이가 내 얼굴을 살피며 말을 건넸다. 그런데 내 눈에 눈물이 핑 돌

앗다. 지금 예슬이 앞에 앉아 있는 내 모습이 너무 초라해서, 무용만 좋아하고 무용밖에 할 줄 모르는 내가 부모님 걱정 때문에 꿈을 포기해야하는 현실이 슬퍼서였다. 나는 울음을 삼키며 더듬더듬 말을 이었다.

"사실은, 나 어떻게 해야 할지 모르겠어. 이제 중학교에 가야 하고, 그러면 무용도 그만둬야 하는데 무용을 못하게 된다는 게 실감이 안 나. 정말 그만두고 싶지 않거든."

"그럼 부모님께 말씀드려보지. 정말 그만두고 싶지 않다고, 응?"

"아니, 그럴 수 없으니까 더 속상하지. 우리 집 형편으론 어림도 없어. 엄마 아빠가 얼마나 힘들게 일하시는데, 괜히 말해봤자 두 분 마음만 아프지."

"그래도 나처럼 진지하게 한 번 말해봐. 아참! 소라야, 너한테 말 안 했지? 나 무용 그만두기로 했어."

"뭐? 정말? 엄마가 그러라고 하셔?"

"응. 그동안 엄마가 많이 생각하셨나봐. 얼마 전에 나한테 진지하게 물으시더라고, 진짜 무용하기 싫으냐고. 그래서 그동안 내가 생각했던 거 다 말했어. 그랬더니 엄마가 날 안고 막 우시더라? 그러더니 내가 진짜 하고 싶은 것 찾아보래."

"정말? 그래서 너 진짜 무용 안 하기로 한 거야? 응?"

"그래 그렇다니까."

"그럼 너 뭘 하고 싶은데?"

"모르겠어. 그냥 중학교에 가서 천천히 생각해보려구. 근데 이상하게 내가 무용을 그만두기로 결정하니까 우리 집은 더 행복해진 것 같다? 아빠도 전보다 잘해주시고 엄마랑 나도 더 친해진 거 같아. 정말 이상하지? 내가 기분이 좋아져서 그런가?"

"예슬아, 너 정말 부럽다. 너는 네가 하고 싶은 건 뭐든지 할 수 있으니까 말야. 너 대신 내가 무용하면 얼마나 좋겠냐?"

"그러게. 그러니까 너도 부모님께 다시 한 번 말씀드려봐. 혹시 또 모르잖아."

예슬이를 만나 이야기를 나누다보니 더 맥이 빠졌다. 예슬이는 나보다 가진 게 훨씬 많은 아이다. 정말 부러워할 수밖에 없는 아이. 세상은 왜 그렇게 불공평한 걸까. 무용을 하고 싶은 나는 할 수가 없고 무용을 할 수 있는 예슬이는 그만두기로 결심하고. 뭐 이런 세상이 다 있지?

머리가 더 아파왔다. 할 수 없이 우리는 제대로 먹지도 못하고 헤어졌다. 남은 피자를 포장했는데 오늘은 가져오지 않았다. 오늘만큼은 정말 가져오기 싫었다. 모든 게 귀찮았다. 결국 피자는 예슬이가 가져가고, 나는 예슬이 엄마가 태워다 주신다는 것도 마다하고 터덜터덜 혼자 집으로 걸어왔다.

집으로 오는 길, 이상하게 눈물이 쉬지 않고 나왔다. 닦을수록 왈칵왈칵 더 쏟아지는 눈물 때문에 나는 집으로 곧장 들어가지 못하고 농구장으로 발길을 돌렸다. 쌀쌀한 저녁이라서 그런지 농구장에는 한 사람도 보이지 않았다. 나는 농구장 바닥에 주저앉아 엉엉 울기 시작했다. 부끄러운 것도, 창피한 것도 잊은 채 나는 큰 소리로 울기만 했다. 태어나서

처음으로.

한 번 터진 눈물은 그칠 줄을 몰랐다. 우리 집은 왜 예슬이네처럼 부자가 아닌지, 왜 나는 부모님 눈치만 보는지, 무용을 계속할 방법은 정말 없는 건지, 이것저것 생각할수록 눈물은 더 굵어지고 울음소리도 커졌다.

한참을 울고 나니, 날이 완전히 저물어 있었다. 집으로 가야 한다. 지금쯤 동생들이 목이 빠져라 나를 기다리고 있을 것이다. 오늘은 엄마 아빠도 늦으시는 날이니 얼른 가서 동생들을 챙겨야지.

집 현관에 들어서자마자 솔희와 환희가 달려와 와락 나에게 안겼다. 해가 지면 동생들은 나를 더 찾는다.

"언니, 어디 갔다왔어?"

"누나, 어디 갔다왔어?"

동생들을 보니 애써 진정시킨 눈물이 또 쏟아진다.

"언니, 왜 울어?"

"누나, 왜 울어?"

아무 말도 못하고 울기만 하는 나를 빤히 바라보던 동생들이 따라 울기 시작했다. 내가 왜 슬픈 건지 이유도 모르면서, 아무것도 모르면서. 참 이상하다. 내가 슬프면 동생들은 그냥 슬픈 건가? 우리는 모두 꼭 끌어안고 함께 울었다.

"누나, 나 밥 줘. 배고파."

느닷없는 환희의 말에 나는 울음을 뚝 그쳤다.

"언니, 나도 배고파. 우리 밥 먹자."

울다 말고 밥을 달라는 동생들의 말에 나는 웃고 말았다.

"울다가 웃으면 엉덩이에 뿔난대요."

"울다가 웃으면 엉덩이에 뿔난대요."

솔희가 나를 놀리자 환희도 덩달아 나를 놀렸다. 웃음보가 터졌다.

'그래, 밥이나 먹자. 걱정 뚝! 고민 뚝!'

한참을 울고 나서인지 마음이 한결 가벼워졌다. 나는 계란프라이를 하고 거기에 밥을 얹어 케첩을 뿌려 먹는 우리만의 요리 '에그에그'를 만들어 동생들과 맛있게 먹었다. 조금 전까지 울었던 건 잊어버리고 아주 맛있게, 맛있게!

중학교에 무용부가?

"학교 다녀왔습니다."

그런데 아무 소리가 없다. 방에 들어서보니 엄마는 뭔가 심각하게 전화 통화를 하고 계셨다.

오늘은 토요일이라서 엄마가 수업을 가지 않으신다. 그래서 난 토요일이 정말 좋다. 가방이 있는 걸 보니 솔희와 환희는 벌써 놀러 나갔나보다. 하긴 내가 오늘 좀 늦게 오긴 했다.

오늘 우리 반 회장 명석이 엄마가 아이들 모두한테 햄버거랑 코코아를 돌리셨다. 명석이 엄마는 급식이 없는 토요일날 가끔 먹을 걸 돌리신다. 그걸 먹느라 늦은 것이다.

"소라야, 너 점심 먹어야지."

전화를 끊으신 엄마가 밥을 차리러 일어나셨다.

"아냐, 엄마 나 햄버거 먹어서 배불러. 회장 엄마가 또 쏘셨거든."

"그래? 그럼 엄마 잠깐 나갔다 올 테니까 솔희하고 환희 좀 찾아봐. 아마 놀이터에 있을 거야. 동생들 찾아서 집에서 놀아, 응?"

"알았어. 근데 엄마 어디 가?"

"응. 예슬이 엄마한테 전화가 왔는데, 잠깐 차 한잔 하자길래. 금방 올거야."

"예슬이 엄마가? 왜?"

"그냥. 엄마가 쉰다니까 얼굴이나 보자고."

"알았어. 엄마! 그 대신 빨리 와."

"그래, 이따 삼겹살 사올게. 오늘 아빠도 일찍 오신다니까 오랜만에 삼겹살 파티하자. 좋지?"

"와! 삼겹살이다. 빨리 갔다 와 엄마."

나는 삼겹살 소리에 더 신이 났다.

'근데 예슬이 엄마가 왜 엄마를 만나려는 거야? 며칠 전에 예슬이랑 한 얘기를 예슬이 엄마가 들으셨나?'

나는 지난번에 실컷 울고 난 후로 마음이 훨씬 가벼워졌고 기분도 한결 좋아졌다.

환희와 솔희를 찾으러 놀이터에 갔다. 두 동생들은 다른 아이들 틈에 끼어 '얼음땡' 놀이를 하고 있었다. 어쩌면 저렇게 수준들이 똑같은지…….

나는 동생들을 데리고 집으로 들어왔다. 그리고 같이 컴퓨터를 했다. 시간 가는 줄 모르고 컴퓨터를 하는데 엄마가 오셨다. 삼겹살을 사오시겠다던 엄마의 손에는 아무것도 들려 있지 않았다.

"엄마! 삼겹살은?"

내가 뛰어나가자 엄마는 갑자기 나를 꼭 안으셨다.

"엄마, 왜 그래?"

대답 대신 엄마는 내 눈을 한참이나 들여다보셨다.

"소라야. 너 정말 그렇게 무용이 하고 싶니? 엄마한테 솔직히 말해봐. 정말, 포기가 안 돼?"

역시 내 예상이 맞았다. 예슬이 엄마가 내 얘기를 하신 모양이다. 나는 아무 말도 하지 않았다. 아니, 아무 말도 나오지 않았다. 그렇다고 말해야 하는데 차마 그 말을 할 수가 없었으니까.

"소라야, 어서 말해봐. 정말 무용을 포기할 수 없는 거니?"

"아냐, 예슬이 엄마가 뭐라고 그래? 그땐 그랬는데 지금은 괜찮아. 안 해도 돼. 그냥 안 하기로 마음 정했어. 괜찮아, 엄마."

나 때문에 마음 아파하실 엄마가 가엾어서 나는 솔직히 말할 수 없었다. 사실은 아무것도 포기하지 못했으면서.

"아냐, 소라야. 네 마음을 엄마가 모르겠니? 네 맘 다 알면서도 우리 집안 형편만 생각하고 너한테 포기하라고 했던 거야. 근데 넌 왜 엄마한테 한 번도 솔직하게 털어놓지 않았니? 죽어도 포기 못하겠다고 떼라도 써보지, 응?"

엄마의 말을 듣자 갑자기 가슴 속에서 불 같은 게 올라왔다. 그리고 눈물이 쏟아지기 시작했다. 나는 울면서 더듬더듬 말했다.

"엄마 사실은… 나 정말 무용하고 싶어. 무용 계속하게 해달라고 나도 엄마한테 떼 쓰고 싶었어. 그런데 엄마, 내가 왜 엄마한테 아무 말도 못했는지 알아?"

"그래 말해봐, 소라야. 그동안 너 혼자 참느라고 얼마나 힘들었니?"

나는 말하고 싶지 않았던, 아니 절대 입 밖으로 꺼내지 않겠다고 다짐했던 이야기를 엄마한테 털어놓으며 울었다.

"몇 년 전에…, 아빠 회사 망하고 힘들어할 때…, 이 집으로 오기 전에 말이야. 그때 엄마랑 아빠랑 빚 때문에 엄청 시달렸던 거 나 다 알아. 엄마 아빠는 내색하지 않으려고 했지만…, 알고 있었어. 어느날 엄마 아빠가 밤에 하는 얘기 우연히 다 들었단 말야. 그때 갈 곳이 없어서… 우리를 할머니 댁에 보내고 엄마 아빠는 다른 데로 돈 벌러 간다고 했던 거…….엄마가 애들하고 어떻게 헤어지냐고 하면서 아빠랑 울었잖아. 그날 밤에 내가 얼마나…, 얼마나 무서웠는지 알아? 나도 어렸는데…, 그렇게 어린 내가 울음소리 참아가면서…, 밤새도록 잠도 못자고 기도만 했어. 제발… 제발, 우리 가족이 같이 살게만 해달라고. 엄마 아빠랑 같이만 살게 해준다면 다른 건 아무것도 바라지 않겠다고. 엄마, 아빠, 솔희, 환희, 나 이렇게 그냥 헤어지지 않고 같이 살게만 해달라고……."

그때 일을 다시 생각하니 마음이 너무 아파 말도 제대로 나오지 않았다. 그래도 이제는 정말 모든 걸 다 말하고 싶었다. 나는 눈물범벅 콧물

범벅인 채로 끝까지 이야기를 했다.

"엄마, 그 뒤에 엄마 친구가 도와줘서… 우리 헤어지지 않고 같이 살 수 있게 됐잖아. 그때 나는 다짐했어. 우리를 버리지 않고 지켜준 엄마 아빠에게… 정말 착한 딸이 되겠다고. 앞으로 어떤 일이 있어도 엄마를 더 힘들게 하지 말자고. 그런데 어떻게… 내가 어떻게 무용을 계속 시켜 달라고 조를 수 있냔 말야!"

엄마는 가슴을 쥐고 울면서 "아! 소라야, 소라야 미안하다."는 말만 되풀이했다. 어떻게든 엄마를 위로해야만 했다. 나는 소매로 눈물을 닦으며 말했다.

"엄마 미안해하지 마. 그리고 나 때문에 이렇게 울지 마. 내가 무용을 많이 좋아하는 건 맞지만, 살아가면서 자기가 하고 싶은 것만 할 수 없다는 것도 잘 알아. 나 무용 안 해도 괜찮으니까 앞으로 이 문제는 신경 쓰지 마. 나는 괜찮아."

하지만 엄마는 단호한 표정으로 말씀하셨다.

"아냐, 소라야. 너 벌써부터 꿈을 포기해선 안 돼. 엄마랑 아빠는 강하니까, 이제부터 우리 딸 혼자 마음 아프게 내버려두지 않을 거야. 엄마가 어떻게 해서라도 너 무용 꼭 할 수 있게 해줄 거야. 약속해 알았지? 그러니 아무 걱정 하지 마."

엄마는 젖어 있는 눈가를 닦더니 나를 더 꼭 안으셨다. 다시는 울지 않으려고 했는데 엄마가 안아주니까 다시 눈물이 고인다. 그런데 이번에는 울어도 머리가 아프지가 않았다.

"나는 안 안아주고 누나만 안아줘?"

한참 동안 눈치만 살피던 환희가 심통이 났는지 나를 밀쳐내고는 엄마 품으로 파고들었다.

밀린 학습지를 푸느라 정신 없을 때 전화벨이 울렸다. 동생들은 게임을 하느라 꼼짝도 하지 않았다. 할 수 없이 내가 전화를 받았다.

"소라니? 무용선생님인데 엄마 저녁에 늦게 오시니?"

"네. 10시 넘어야 들어오세요. 핸드폰으로 거시면 아마 받으실 거예요."

"응. 수업중이신지 전화를 안 받으셔서. 이따 엄마 들어오시면 늦더라도 괜찮으니까 전화 좀 해달라고 전해드려, 알았지?"

"네, 알겠어요."

'무용선생님이 엄마를 왜 찾으시지? 혹시 개인레슨? 근데 그건 아무래도 우리 집 형편에 무린데. 그냥 무용을 하지 않겠다고 말씀드릴까?'

무용선생님이 전화를 하신 이유가 궁금했지만 엄마가 오실 때까지 기다리기로 했다. 수업하는 데 방해가 되니까 엄마 일하실 땐 되도록 전화를 안 하는 게 좋다.

초인종 소리가 났다. 엄마가 오셨나? 어! 아직 10시도 안 됐는데? 우리는 정신 없이 달려나갔다.

엄마다.

"엄마! 오늘 왜 그렇게 일찍 왔어?"

나는 엄마 안색을 살피며 가방을 받았다.

"응, 오늘 중학생 애들이 학원에서 늦게 온다고 해서. 토요일에 수업하기로 하고 왔어."

"그래? 근데 엄마, 무용선생님이 전화 해달라는데 무슨 일이야?"

"아가씨는 몰라도 돼요~."

"엄마, 설마 나 개인레슨 한다고 한 건 아니지? 개인레슨은 절대 안해. 그거, 엄청 비싸."

"아이구, 알았어요. 그러니까 네가 애늙은이 소릴 듣는 거야."

엄마는 나를 안심시키듯 말을 하시고는 전화를 거셨다. 엄마는 잠깐

동안 조용히 통화를 하시고는 바로 전화를 끊었다. 너무 궁금하다, 두 분의 전화 내용이. 그런데 왠지 엄마한테 자꾸 물어보기가 좀 그렇다.

'그래, 모르는 척 하자. 엄마가 어련히 알아서 하시겠어?'

아침부터 교실 안이 또 전쟁터다. 요즘 우리 반 아이들이 정말 시끄러워졌다. 초등학교 생활이 얼마 안 남아서인지, 그야말로 정신이 없다. 장난도 부쩍 심해진 것 같다. 애들이 도대체 언제 철이 드는지…….

"야, 박소라. 너 소식 들었니?"

얌전이 수민이가 내게로 다가와 조용히 말을 걸었다.

"무슨 소식?"

"너희 엄마가 혹시 말씀 안 하셨어?"

"뭐? 무슨 말?"

"우리 엄마가 그러시는데 우리 중학교에 가서도 특기적성으로 무용반 할 수 있을지 모른다던데?"

"뭐? 그게 무슨 소리야. 중학교에 무용반이 없잖아?"

"그래, 근데 너희 엄마가 저번에 우리 무용반 엄마들하고 다 만나서 중학교에 무용반 만들자고 하셨대. 그래서 벌써 중학교 교장 선생님도 만나셨다는데?"

"진짜? 언제? 나는 모르는 일인데. 우리 엄마가 진짜, 무용반 엄마들하고 중학교 교장 선생님을 만나셨대?"

"응. 그래서 어제 무용선생님이 우리 엄마한테 어떻게 되는 거냐고 전화하셨어. 나도 옆에서 엄마 통화 하는 거 들었거든. 근데 엄마가 자세한 건 너희 엄마한테 여쭤보라고 하시던걸?"

"그렇구나, 그래서 어제 무용선생님이 전화하신 거구나."

"너희 엄마가 무슨 말씀 없으셨어? 우리 엄마 말로는 중학교 무용반 만들면 예슬이 빼고 우리 다섯 명은 학교에서 계속 무용 한다던데?"

"나 우리 엄마한테 아무것도 들은 게 없어."

"오늘 꼭 여쭤봐. 알았지? 나도 궁금해 죽겠다, 야. 난 학원에서보다 학교에서 하는 게 더 좋거든."

"제발, 그렇게만 된다면… 아, 하나님. 제발……."

하루 종일 공부가 제대로 되지 않았다.

갑자기 엄마가 정말 대단하다는 생각이 들었다. 어떻게 엄마들과 중학교 교장 선생님까지 만나실 생각을 하신 건지. 그 작은 우리 엄마 어디에 이런 힘이 숨어 있는 건지……. 또 눈물이 핑 돌았다.

엄마한테 얼른 여쭤보고 싶었지만 조금만 더 참기로 했다. 그냥 엄마가 말씀해주실 때까지 기다리자. 엄마한테 무슨 생각이 있으시니까 말을 안 하셨겠지.

"소라야. 우리 딸."

엄마다. 설렘과 궁금함으로 하루 종일 긴장해 있다가 일찍 잠이 들었나보다. 엄마의 찬 입맞춤에 눈을 떴다.

"엄마, 지금 왔어? 밥은?"

"소라야, 너 좋은 소식 있는데 듣고 잘래 그냥 잘래"

"좋은 소식? 뭔데?"

나는 벌떡 일어나 앉았다. 심장이 갑자기 두근거렸다.

"아이구, 좋은 소식이라니까 먹을 거 찾을 때처럼 벌떡 일어나네."

"뭔데 빨리 말해봐, 응?"

대충 예상은 하고 있었지만 나는 모르는 척 시치미를 뚝 떼고 엄마를
졸랐다.

"소라 너, 무용 계속할 수 있게 됐어. 아까 중학교 교
감 선생님께서 직접 전화를 하셨는데 초등학교 무
용부 그대로 중학교에서도 할 수 있게 해주신대."

"진짜 엄마? 진짜지? 그럼 지금처럼 돈도 조금만
내고? 응?"

"그래. 그냥 무용선생님께 강사비만 우리가 모아서 드리기로 했어."

"정말?"

"그렇다니까. 그리고 한 가지 더, 강당에 전신거울도 설치해주신대. 거
기가 이제 너희 무용실이 될 거야. 정말 잘 됐지?"

"아, 엄마! 나 믿을 수가 없어."

벌떡 일어나 폴짝폴짝 뛰는 나를 보며 엄마는 말씀을 계속하셨다.

"사실은 저번에 예슬이 엄마한테 네 얘기 듣고 엄마가 얼마나 울었는
지 몰라. 우리 딸 때문에 마음이 너무 아파서 밤새 한숨도 못 잤어. 그리
고 하나님께 정말 간절히 기도했단다. 우리 착한 딸 소라, 돈이 없어 무

용 못하는 일은 절대 없게 해달라고 말야. 그랬더니 갑자기 좋은 생각이 나지 뭐니? 용기도 생기고 말야. 그래서 다음날 무용 선생님도 만나고 엄마들한테도 전화했어. 그리고 며칠 후 다 같이 중학교를 찾아갔단다. 교장 선생님과 교감 선생님을 뵙고 부탁드렸지. 중학교에 무용반 만들어서 아이들 계속 무용할 수 있도록 해달라고. 한참을 들으시더니 긍정적으로 검토하고 연락주신다 해서 기다리고 있던 참인데 오늘 전화가 온 거야."

엄마는 배도 안 고프신지 쉬지도 않고 계속 말을 하신다.

"소라야, 정말 잘됐지? 너무 좋지? 엄마도 정말 좋아. 그리고 우리 딸이 잘할 수 있으리라 믿어."

"나 열심히 할게. 정말 정말 열심히 할게. 근데, 엄마! 밥 먹어야지. 배고프잖아."

저녁도 거르시고 지금까지 이 집 저 집 방문해서 수업을 하느라 엄마는 배가 많이 고프셨을 거다.

"아냐, 소라야. 엄마 배 안 고파. 그깟 저녁 한 끼 안 먹는다고 어떻게 되니? 오히려 오늘은 배가 부른걸?"

지금 나를 안고 있는 엄마는 지치고 힘이 없던, 키 작은 평소의 엄마와 달라 보인다. 뭐랄까… 힘도 세고 엄청 크고 든든한 모습으로 느껴진다.

"소라야. 엄마는 이제 전과 좀 다르게 살 거야. 사실 아빠가 사업에 실패한 후 엄마는 많이 힘들었단다. 그래서 너무 의욕 없이 살았던 것 같아. 그런데 이번에 우리 딸 때문에 다시 더 열심히 도전하며 살아야겠다는 생각을 하게 됐어. 그래야 너희들에게도 당당한 엄마의 모습을 보여

줄 수 있잖아?"

엄마가 직접 힘들다고 말씀하신 건 오늘이 처음이었다. 엄마를 빤히 바라보고 있는데 갑자기 엉뚱한 것이 궁금해졌다.

"엄마, 어른들도 힘들면 울어?"

"왜? 어른들은 울지 않는 것 같아서?"

"응. 엄마 아빠는 우리들 앞에서 운 적이 없잖아. 힘든 내색도 별로 안 하고."

나는 지난번 농구장에서 엄청나게 울었던 일을 떠올리며 엄마에게 말을 걸었다.

"어른들도 너희와 똑같이 힘들면 울어. 그냥 어른이니까, 안 우는 척 하는 것뿐이야. 어른은 뭐 사람 아니니?"

"아! 그렇구나. 그럼 힘들고 슬플 때 우는 게 창피한 건 아니네?"

"그럼, 자연스러운 거지. 그러니까 소라 너도 힘들면 힘들다고 말하고, 울고 싶으면 언제라도 울어. 참지 말고 알았지?"

"응. 알았어."

그래도 지난번 농구장에서 큰 소리로 울었다는 건 끝내 엄마에게 말하지 않았다. 왠지 말하기가 부끄러웠다.

"소라야, 그리고… 엄마가 소라한테만 비밀 하나 말해줄게. 엄마랑 비밀 지키기로 약속할 수 있지?"

"비밀? 나한테만 말하는 비밀이 뭔데? 꼭 지킬 테니까 빨리 말해줘, 응?"

내가 궁금해서 엄마를 다그치자 엄마는 살짝 미소를 짓더니 말을 이으셨다.

"사실은 소라야, 이번에 KBS '황금의 시간'이라는 프로그램에서 생활 수기를 공모하는데 엄마가 글을 한번 써보려고 해. 살아가면서 겪은 일들을 쓰는 거라 그렇게 어려울 것 같진 않아서. 그동안 우리 가족이 힘든 상황에서도 행복하게 지낸 일들을 써보려고 하거든? 특히 우리 소라 얘기를 많이 쓰려고 하는데, 어때? 이번 공모전을 국민은행에서 후원하는데, 당선되면 상금도 500만 원이나 준댄다?"

"히히 정말? 500만원이나?"

"그래. 근데 당선되든 안 되든 지나온 시간을 돌아보고 미래의 다짐을 새롭게 한다는 의미에서 엄마한테는 소중한 기회가 될 거라고 믿어."

엄마는 정말 달라진 것 같다. 아니, 달라진 게 아니라 예전의 당당했던 엄마의 모습을 찾으신 것 같다.

사실 엄마는 책 읽고 글 쓰는 걸 취미로 살아오신 분이었다. 직장에 다니시기 전까지 말이다. 그런데 집안이 어려워진 후론 마음에 여유가 없어서인지, 글을 쓰지 않으셨다. 그런 엄마가 다시 무언가를 써보시겠다고 한다.

"그래, 엄마! 원래 엄마는 책 읽고 글 쓰는 거 좋아하잖아. 엄마는 다시 글 쓰고, 나는 무용하게 되고. 정말 좋다, 그치?"

"그러네. 근데 아빠하고 동생들한텐 공모전에 내는 건 비밀이다, 떨

어지면 좀 그렇잖니? 우리 큰딸과 나만의 비밀이야 알았지? 기도 부탁할게."

"알았어, 엄마. 내가 꼭 최우수상 타게 해달라고 기도할게. 히히!"

엄마는 그제야 배가 고프시다며 방을 나가셨다. 난 무엇보다 엄마가 다시 글을 쓰기로 하신 게 정말 기쁘다.

엄마가 숨겨둔 마음

"소라야."

수업을 마치고 막 교실을 나가려는데 무용선생님께서 나를 부르셨다. 나는 깜짝 놀라 돌아보았다. 오늘 학교에 오시는 날이 아닐 텐데, 무슨 일이지?

"어? 선생님 웬일이세요? 무용 연습 없는 날이잖아요."

"그래. 그런데 오늘은 소라 너 좀 보려고."

"네? 저를요?"

"응 우리 어디 가서 잠깐 얘기 좀 하자. 선생님이 맛있는 거 사줄게."

"네~."

나는 얼떨떨한 표정으로 선생님을 따라 나섰다. 선생님께서는 나를 차에 태우시더니 햄버거 집으로 데리고 가셨다.

나는 무슨 일인지 궁금해 견딜 수가 없었다. 선생님께서 나를 왜 찾으셨을까?

"소라야, 너 어제 엄마께 말씀 들었지? 우리 무용부 중학교에서도 할 수 있게 됐다는 거."

"네. 어젯밤에 엄마가 말씀해주셨어요. 정말 잘됐어요, 선생님."

"그래 정말 잘됐어. 나도 밤에 너희 엄마 전화 받고 많이 기뻤어."

"그래서 저 만나러 오신 거예요?"

"응. 너한테 꼭 들려주고 싶은 말이 있어서……."

선생님은 무슨 굳은 결심이라도 하신 양 말에 힘을 주셨다. 그러고는 내 눈을 들여다보며 천천히 이야기를 이으셨다.

"소라야! 엄마가 중학교에 무용부 만드신 얘기, 자세히 하시든?"

"아니요. 그냥 대충 들었어요."

"그래, 그러셨을 거야. 소라야, 넌 정말 복 받은 아이란다. 그렇게 훌륭한 엄마가 네 뒤에 계시니 말이야."

"저도 그렇게 생각해요, 선생님. 히히!"

"근데 소라야, 너희 엄마께서 무용부를 만들기 위해 어떻게 하셨는지 너는 자세히 알아야 할 것 같아서 선생님이 이렇게 나왔어. 그래야 네가 엄마 사랑을 가슴에 새기고 더욱 열심히 무용할 수 있을 것 같아서."

오늘은 선생님이 좀 이상하시다. 무용 시간에 그렇게 무섭게 소리치던 독사 선생님이 아니다. 목소리도, 눈빛도 너무 다정하다.

"얼마 전에 너희 엄마께서 갑자기 전화를 하셨어. 그래서 오전에 잠깐 뵈러 나갔는데 엄마 눈이 퉁퉁 부으셨더라. 깜짝 놀라서 무슨 일이냐고 여쭸더니 너 때문에 밤새 한숨도 못 주무시고 우셨다는 거야. 그러더니 갑자기 나보고 도와달라고 하시더라. 같이 중학교 교장 선생님 찾아뵙고 무용부 만들어달라고 부탁드리자며 말이야. 느닷없이 하시는 말씀이라 정말 당황했어. 그런데 지금까지 너희가 살아온 얘기랑 네가 무용을 포기하는 문제 때문에 괴로워한다는 얘기를 하시며 눈물을 흘리시는데……. 내 손을 잡고 도와달라며 소리 없이 우시는 너희 엄마를 보면서 선생님도 정말 마음이 아팠어. 무엇 때문에 나이도 어린 선생님 앞에서 눈물을 보이며 부탁을 하셨겠니? 엄마가 너를 얼마나 사랑하시는지 그제야 알겠더라. 마치 옛날 선생님 엄마를 보는 것처럼 가슴이 먹먹해졌어."

선생님은 금방 눈물을 흘리실 것만 같았다.

"선생님도 정말 어렵게 무용을 했거든. 선생님 집도 그렇게 부유하지가 못했어. 그래서 무용을 포기하려고 했는데 선생님 엄마가 어렵사리 뒷바라지를 해서 결국 꿈을 이룰 수 있었단다."

선생님은 끝내 눈물을 흘리셨다.

"난 너희 엄마의 눈물을 보면서 돈을 떠나 너를 꼭 돕고 싶다는 생각을 했어. 그래서 만일 중학교에 무용부가 안 만들어지면 그냥 레슨을 해 줘야겠다고 생각했단다. 그리고 며칠 후 엄마들과 함께 중학교엘 갔어. 그때도 너희 엄마는 교장 선생님과 교감 선생님께 정말 간절히 부탁하시더라. 옆에 있는 우리가 봐도 도저히 거절할 수 없을 만큼, 정말 간절히 말이야. 그런 간절함이 통해서 중학교에 무용부가 생길 수 있었던 거야. 소라야, 너희 엄마는 정말 훌륭한 분이란다. 그러니깐 엄마를 생각서라도 열심히 무용해서 꼭 성공해야 돼. 알았지?"

엄마가 나를 위해 그 많은 사람들에게 고개를 숙이고 부탁을 하셨다는 사실에 마음이 아팠다. 오로지 나를 위해 눈물로 애원하시는 엄마의 모습이 눈앞에 떠올라 견딜 수가 없었다.

그러나 나는 울지 않았다. 나오려는 눈물을 이를 악물고 참았다. 그리고 나는 일부러 나를 찾아와 이런 이야기를 들려주신 고마운 선생님께도 별다른 약속을 드리지 않았다. 비록 어린 나이지만, 내 마음과 결심을 행동으로 증명해내고 싶었다. 엄마에게도 선생님에게도, 훨훨 날아 화려하게 꽃 피는 내 모습으로 고마움을 갚아가고 싶었다.

선생님과 나는 햄버거를 먹지 못했다. 남은 두 개의 햄버거는 포장을 해서 동생들 몫으로 가지고 왔다.

학교를 졸업하던 날

초등학교 졸업식을 했다.

나는 6년이라는 초등학교 시절을 마감하는데도 이상하게 아쉽지 않았다. 오히려 학교를 나오는 발걸음이 상쾌했다.

중학교에 가서도 마음껏 무용을 할 수 있게 된 것이 아직도 실감나지 않는다. 빨리 중학교 강당에서 무용을 해보고 싶다. 내가 다닐 중학교는 나의 아지트였던 농구장과 철망 담장을 경계로 붙어 있다. 농구장이 내 무용 연습실이었는데 이제 그 옆 중학교 강당으로 옮겨가는 것뿐이다.

집으로 돌아오는 길에 소영이를 만났다. 소영이도 초등학교 졸업에 대한 아쉬움은 없는 모양이었다. 얼굴이 밝았다.

"소라야! 너 중학교 가서도 무용할 수 있게 됐다며?"

"웅! 진짜 잘 됐지. 엄마 덕분이야."

"축하해. 나도 속으로 걱정했었어. 네가 중학교 때도 무용을 할 수 있게 됐다는 소식을 듣고 얼마나 기뻤나 몰라."

"고마워. 내 고민만 이렇게 잘 해결된 거 아닌가 해서 좀 미안하기도 해. 소영이 넌 아직도 고민 중이야?"

"나도 완전히는 아니지만, 반쯤은 결론을 내렸어."

"어떻게?"

"엄마랑 상의를 해봤어. 공부가 너무 힘들고 미술이 적성에 맞는 것 같은데 해보면 안 되겠느냐고. 엄마가 많이 놀라시더라. 처음엔 절대 안 된다고만 하시더니 방학 때만 배우는 건 괜찮다고 허락해주셨어. 일단 취미로 해보라고. 예전에 잠깐 미술이 좋았던 것만으로 내가 계속 그걸 할 수 있는지는 확신할 수 없잖아. 그래서 방학 때 미술 학원에 다니면서 나한테 재능이 있는지, 다른 걸 희생해도 아깝지 않을 만큼 그림이 좋은지 생각해 보려고. 공부가 힘들긴 하지만 나한테 어떤 가능성이 있는지 알 수 없으니 앞으로도 최선을 다해 볼 거야. 6년 간 잘해온 것도 아깝잖아."

"그렇구나! 잘됐다. 넌 똑똑하니까 어느 쪽으로든 잘 결론 내릴 거라고 생각했어. 중학교 땐 나한테도 공부 좀 가르쳐줘, 히히. 네가 선생님 해주면 나도 잘 할 수 있을 거 같아!"

"좋아! 대신 내가 또 공부와 미술 사이에서 고민하게 되면 너도 내 얘기 들어줘야 해!"

"당연하지!"

우리는 활짝 웃었다.

"야, 박소라 박소영! 너넨 뭐가 그렇게 좋아서 웃냐?"

명석이다. 졸업할 때 소영이와 같이 우등상을 받은 명석이는 상장을 들고 우릴 따라 왔다.

"비밀이다!"

소영이가 혀를 낼름 내밀었다.

"박소라! 무슨 일이야?"

"궁금해?"

"그냥 뭐, 조금."

"흐흐. 그럼 계속 궁금해해라! 봄방학 지나고 중학생 돼서 보자구!"

소영이와 난 명석이에게 손을 흔들며 돌아섰다. 명석이의 화난 표정이 보이는 것 같아 웃음이 나왔다.

"명석이가 너 되게 좋아하나봐."

"에이, 별로 그런 것 같지도 않은데?"

"아냐. 네가 울적해 보일 때도 소라한테 무슨 일 있는 거 아니냐고 애들한테 묻고 다녔어."

명석이가 좋다던 소영이 앞에서 내색은 하지 않았지만, 나도 명석이가 조금 좋다. 무용만큼은 아니지만……. 중학교에 가면 우리는 어떻게 변할까? 그냥 자연스럽게 놔두면 어디로든 흘러가려나?

"실은 있잖아, 나 이제 옆반 민호가 좋아졌어."

소영이가 내 귀에 작게 속삭인다.

"뭐? 진짜?"

"내가 고민하고 있을 때 얘기도 들어주고, 이것저것 충고도 해줬거든. 같은 학원을 오래 다녀서 원래 좀 자주 보긴 했는데, 요샌 전화도 자주 하고 공부도 같이 하고 그래."

"우와! 잘됐다! 넌 뭐든지 나보다 앞서 나가는구나!"

"헤헤, 그런가? 그리고 민호가 그림도 잘 그린다잖아. 자기가 방학 때 많이 도와주겠대."

"너 나한테 한턱 쏴야 되는 거 아니냐?"

"그럴까? 좋아! 오늘은 내가 떡볶이 쏜다!"

소영이네 떡볶이를 배부르게 먹고 집으로 돌아왔다. 좁기만 하던 이 아파트도 이젠 별로 불편하지 않다. 고민이 사라져서인지, 예전에 싫고 짜증나던 것들도 이제 다 사랑스럽다. 누워서 이 생각 저 생각 하는데 전화벨이 울렸다.

"여보세요?"

"소라니? 엄마야."

"응. 엄마. 근데 왜? 수업 중 아니야?"

"맞아. 근데 너무 기쁜 일이 있어서 너한테 빨리 말해주려고."

엄마의 목소리가 하늘로 날아갈 듯했다. 엄마가 수업하다 말고 전화하신 걸 보면 중요한 일인데, 목소리를 들으니 좋은 쪽인 것 같았다.

"뭔데 엄마?"

"소라야, 엄마 글 당선됐대. 지난번에 KBS 생활수기 공모전에 냈던 거 말야. 그것도 최우수작으로."

"뭐?! 정말? 엄마 정말이야?"

엄마는 울고 있었다. 보이지는 않지만 분명했다.

갑자기 나도 눈물이 나기 시작했다. 너무 좋은데 눈물이 난다. 전에는 슬픈 날이 많아서, 마음 아픈 일이 많아서 울었는데 지금은 좋아서 울고 있다. 엄마와 나는 기쁨의 눈물을 흘리고 있었다.

"소라야, 이따 집에 가서 자세히 얘기할 테니까 그만 끊자. 엄마 또 수업해야 해."

"알았어, 엄마. 내가 아빠한테 전화할게."

눈물을 닦으면서도 나는 뭐가 뭔지 정신이 하나도 없었다. TV에나 나오는 얘기 같기도 하고……. 너무 좋은데 이게 현실인지 도무지 믿어지지가 않았다.

'아참, 아빠한테 빨리 전화해야지.'

내 이야기를 들은 아빠는 이게 도대체 무슨 얘기냐며 어리둥절해하셨다. 당연하다. 아빠는 엄마가 공모전에 글을 낸 것도 모르셨으니까. 아빠는 엄마랑 다시 통화를 해보겠다며 전화를 끊으셨다. 나는 벌떡 일어나 동생들을 찾으러 밖으로 뛰어나갔다.

다행히 동생들은 놀이터에서 놀고 있었다.

"솔희야. 엄마가 글을 썼는데 최우수상을 받았대. 그래서 상금도 많이 탄대."

"뭐라고? 엄마가 최우수상을 받아서 상금을 많이 탄다고? 얼마?"

"얼마?"

추워서 볼이 빨개진 환희도 또랑또랑한 눈으로 나를 보며 물었다.

"500만 원이래."

"누나, 500만 원이면 엄청 많은 거지? 그 돈이면 나 레고도 살 수 있지, 그치?"

"멍청아. 당연히 500만 원이면 엄청 많은 거지. 그까짓 레고뿐이겠어, 아이구."

솔희는 환희의 질문이 어이없다는 듯 잘난 척을 했다.

"얘들아, 우리 얼른 집에 가서 깜짝파티 준비하자. 엄마 아빠 생일 때 했던 것처럼. 응?"

"그래 얼른 가자. 언니."

집에 도착한 우리는 그동안 모았던 동전들을 꺼냈다. 그러고는 슈퍼에서 초코파이도 사고 문구점에서 예쁜 반짝이 스티커도 샀다. 여러 가지 공연 연습도 했다.

부모님 생신 때마다 우리 셋은 언제나 깜짝파티를 준비했는데, 오늘도 그때처럼 춤 연습도 하고 노래 연습도 했다.

그리고 편지 보물찾기. 이곳으로 이사 온 후 나는 동생들과 함께 엄마 아빠께 드리는 편지를 써서 옷장 안에, 텔레비전 밑에, 밥그릇 속에 숨겨 두곤 했다.

"아유! 이 편지를 찾을 때마다 보물찾기를 하는 기분이 들어서……. 엄마 아빠 어릴 때 소풍 가면 꼭 하던 놀이가 보물찾기였는데, 얼마나 떨리고 기분이 설렜는지 몰라."

힘들게 일하고 돌아오신 두 분은 편지를 찾아 읽으면서 행복한 표정으로 말씀하시곤 했다. 그런데 요 몇 달, 내가 무용을 포기하는 문제를 놓고 방황하는 바람에 편지 보물찾기를 하지 못했다. 나는 동생들과 함께 편지를 썼다. 그리고 오늘은 엄마가 찾기 쉽도록 세 장의 편지를 벽에 붙여두었다.

저녁때가 되어 돌아오신 아빠는 아직도 어안이 벙벙한 표정이었다. 내가 그동안 있었던 일을 자세히 말씀드렸더니 아빠는 자기만 빼놓고 엄마랑 둘이서 비밀을 간직했다고 토라지는 척 하시면서도 싱글벙글, 웃음을 감추지 못하셨다.

우리 모두 저녁을 먹지 않은 채 엄마를 기다렸다. 밤 10시가 넘었는데 배가 고프지 않다. 드디어 초인종이 울리고, 우리는 한꺼번에 뛰어나갔다. 엄마를 안아주고 뽀뽀도 하고, 누가 보면 이산가족 상봉이라도 한 걸로 착각할 정도였다.

"엄마, 얼른 앉아. 우리가 축하해주려고 얼마나 기다린 줄 알아?"

내가 엄마에게 콧소리로 투정을 부리자 그 새를 못 참고 환희 녀석이 또 질투를 했다.

"엄마, 나두 나두."

"엄마, 진짜 엄마가 최우수상 받았어? 진짜로?"

다그쳐 말을 묻는 솔희에게 엄마는 큰 목소리로 대답했다.

"그래. 정말 엄마가 최우수상 받았어."

엄마는 웃으며 솔희와 환희 볼에 뽀뽀를 해주셨다. 나는 그런 엄마를 바라보다 손뼉을 치며 말했다.

"엄마. 우리가 축하공연 준비했는데 밥 먹고 볼까? 보고 먹을까?"

"축하공연?"

"응. 우리가 오늘 하루 종일 연습했는데 나는 무용이고, 솔희는 바이올린 연주고, 환희는 노래야."

"그래? 그럼 한번 해봐, 오늘은 밥 안 먹어도 배부르니까."

우리는 엄마 아빠 앞에서 공연을 시작했다. 환희가 노래 가사를 까먹는 바람에 한바탕 웃기도 하면서 우리는 열심히 공연을 마쳤다. 그 다음

순서는 우리 삼남매가 쓴 편지를 읽어드리는 거였다. 맏이인 내가 먼저 편지를 읽기 시작했는데, 조금 전까지 공연을 보며 활짝 웃으시던 엄마가 갑자기 눈물을 흘리셨다. 어떡하나! 엄마의 눈물을 보고 나니 내 눈에도 점점 눈물이 고였다.

"언니. 편지 읽다가 자꾸 울면 어떡해? 그러니까 엄마도 울잖아."

솔희가 내 편지를 휙 뺏어가며 소리를 질렀다.

"내가 대신 읽을게 엄마. 울지 마."

엄마 아빠께.

엄마 아빠, 저 소라예요.

날씨가 정말 추워요. 겨울이 가기 싫어서 심통이 났나봐요. 우리는 따뜻한 방에서 편하게 있는데 엄마랑 아빠는 저희들 때문에 이렇게 추운 날도 일하시느라 정말 고생이 많죠?

죄송해요. 제가 무용을 하겠다고 고집을 부려서 두 분을 더 힘들게 한 것 같아요. 그래서 언제나 죄송하고 미안한 마음이 들어요. 그래도 오늘처럼 좋은 일이 있어서 정말 다행이에요. 우리 모두 기뻐할 수 있어서 말예요.

지금은 제가 부모님께 아무것도 못해드리지만 조금만 기다리세요. 저, 정말 열심히 노력해서 훌륭한 무용가가 될 거예요. 그래서 엄마 아빠 꼭 행복하게 해드릴게요. 꼭! 꼭요. 약속해요.

그러니까 힘드시더라도 조금만 참고 건강하게 사세요, 아셨죠? 그리고 엄마 최우수상 받으신 것도 정말정말 축하드려요.

큰딸 소라 올림.

파랑새 날아오르다

    방송국에서 촬영을 나왔다. 여러 대의 카메라가 설치되고 텔레비전에서만 보던 인기스타도 우리 집에 도착했다.

    평소 안 하던 화장까지 하고 엄마는 카메라 앞에 앉았다. 엄마는 우리 가족이 어려워진 이야기부터 고생스럽지만 다섯 식구가 서로 사랑하며 살아가는 이야기를 사람들에게 들려주기 시작했다. 역시 우리 엄마는 대단한 분이다. 슬프고 가슴 아픈 이야기도 어찌나 재미있고 유쾌하게 하시는지……. 국민은행에서 지원하는 상금 500만 원은 어떻게 쓸 거냐고 묻자, 사실은 상장보다 우리 가족 재기의 밑거름이 되어줄 그 돈이 제일 고맙고 반갑다고 대답하시는 바람에 주변에 있던 사람들이 박수를 치며 웃기도 했다.

하지만 엄마도 끝까지 재미있는 표정만 보여주지는 못했다. 아이들 키우는 문제, 특히 내가 돈 때문에 무용을 그만두기로 하던 때를 회상하시던 엄마가 그동안 참고 참았던 감정을 숨기지 못하고 끝내 눈물을 보이신 거다.

한 번 터진 울음을 엄마는 멈추지 못했다. 바로 앞에 여러 대의 카메라가 있는데도 말을 하다가 멈추고, 다시 말을 하다 멈추면서 눈물 콧물을 다 흘렸다. 오랜만에 곱게 화장한 엄마의 얼굴은 엉망진창이 되고, 진행자 아저씨를 비롯한 방송국 사람들이 엄마를 따라 울기 시작했다.

"잠시 쉬었다가 합시다."

누군가 말했다. 그 사이 엄마는 화장을 고치고 방송국에서 나온 분들은 여기저기로 흩어져 무언가 이야기를 주고 받았다. 그리고 한 5분쯤 지났을까. 조금 전까지 엄마와 함께 눈물 콧물을 다 흘리며 펑펑 울던 진행자 아저씨가 밝은 표정이 되어 돌아왔다.

"자, 여러분 놀라운 일이 벌어졌습니다."

무슨 일이지? 우리는 눈을 동그랗게 뜨고 서로를 바라보았다.

정말 기적 같은 소식을 가져온 행복의 파랑새는 촬영을 담당하던 카메라 감독님이었다. 몇 년 전 돌아가신 그 감독님 엄마가 전통무용 인간문화재셨다는 것이다. 촬영하는 내내 눈물을 흘리시던 감독님은 잠시 쉬는 시간에 전통무용을 전수받은 어머니의 제자에게 전화를 걸어 우리 가족의 이야기를 들려주셨다. 그리고 이야기를 들은 그 제자분께서 내 후원자가 되어주기로 약속했다는 소식이었다.

꿈만 같은 일이 일어났다. 내가 중학교 무용부에서도 춤을 추고 무용학원도 다닐 수 있다니, 그것도 우리나라 최고 인간문화재 전수자인 선생님한테 말이다. 이건 기적이다. 기적이 일어난 것이다.

중학교에 무용부가 생긴 것도 아직 꿈 같은데 어떻게 이런 좋은 일들이 줄지어 일어나는지 믿을 수가 없다. 내 간절한 기도를 하나님이 들어주신 걸까?

오늘은 너무 기뻐서 잠이 올 것 같지 않다. 세상에는 정말 기적이 존재한다는 걸 몸소 체험한 날이니까.

이제는 힘차게 날갯짓을 시작할 때…

여러 해 동안 나는 스스로에게 질문을 했었다.

'돈이 없으면 정말 무용을 할 수 없는 것일까? 가난하면 자유롭게 무언가를 좋아하고 꿈꾸는 것마저 불가능한 걸까?'

이제 나는 그 질문에 대답할 수 있다.

정답은 물론 "아니다."이다.

내 나이 열세 살. 초등학교 6년을 마무리하고 이제 중학생이 된다. 그 사이 나와 우리 가족에게는 힘든 날이 많았다. 어려운 시간들이 때로 원망스럽고 나를 눈물나게 했지만, 그 속에서 나는 소중한 보물을 얻었다. 가족의 사랑 그리고 꿈을 포기하지 않는 지혜와 강인함…….

중학생 고등학생 대학생이 되고 어른이 될 때까지, 앞으로 내가 얼마나 더 힘들고 마음 아픈 일을 겪게 될지 모른다.

하지만 이제 두렵지 않다. '뜻이 있는 곳에 반드시 길이 있고, 꿈은 그 꿈을 꾸는 사람의 것'이라는 말을 나는 믿게 되었으니까. 자포자기하고 싶었던 순간에 세상은 내게 아직은 꿈을 포기할 때가 아니라며 손 내밀어주었으니까.

자, 이제 힘차게 날갯짓을 시작할 때다. 더 열심히, 더 우아하게. 한 마리 백조가 되어 하늘 높이 날아오를 때까지…….

나를 기다리는 새날을 위하여 화이팅!

사랑하는 우리 가족, 친구들도 화이팅!

파랑새가 울던 날

첫판 1쇄 펴낸날 2009년 7월 25일

지은이 | 정명자·박청조
펴낸이 | 지평님
기획·마케팅 | 김재균
기획·편집 | 김정희
본문 조판 | 성인기획 (02)360-4567
필름 출력 | 하람커뮤니케이션 (02)322-5459
종이 공급 | 화인페이퍼 (031)955-0135
인쇄·제본 | 한영문화사 (031)903-1101

펴낸곳 | 황소자리 출판사
출판등록 | 2003년 7월 4일 제2003-123호
주소 | 서울시 종로구 누상동 10 웰빙하우스 101호 (110-041)
대표전화 | (02)720-7542 팩시밀리 (02)723-5467
E-mail: candide1968@hanmail.net

ISBN 978-89-91508-59-0 03040

*잘못된 책은 교환해드립니다.
*이 책의 반품 기한은 2012년 7월 24일까지입니다.